MW00910498

CHINESE UNMASKED

Grammatical Principles and Applications

Student Workbook

Simplified Character Edition

中文基本文法
練習

Jing-heng Ma

Cheng & Tsui Company
Boston

Copyright © 1994 by Jing-heng Ma

All rights reserved. No part of this publication may be reproduced or transmitted in any form or by any means, electronic or mechanical, including photocopy, recording, or any information storage or retrieval system, without permission in writing from the publisher.

Cheng & Tsui Company
25 West Street
Boston, Massachusetts 02111-1268 USA

Chinese Unmasked: Grammatical Principles and Applications

- Traditional Character Edition: ISBN 0-88727-190-1
   Volume 1: Resource Book
   Volume 2: Student Workbook

- Simplified Character Edition: ISBN 0-88727-198-7
   Volume 1: Resource Book
   Volume 2: Student Workbook

Library of Congress Catalog Card Number: 93-074516

HyperChinese: The Grammar Modules, **the companion Macintosh® CD-ROM interactive Chinese language software, is also available from the Publisher. ISBN 0-88727-193-6**

Printed in the United States of America

PUBLISHER'S NOTE

The Cheng & Tsui Company is pleased to introduce *Chinese Unmasked: Grammatical Principles and Applications*, available in both the Traditional and Simplified character versions. These volumes were created as a follow-up and companion set to the multimedia package *HyperChinese: The Grammar Modules*.™ Although *Chinese Unmasked* can be used independently, it is recommended that the software serve to complement the user's education with native pronunciation and practice. Together, the textbooks, workbooks, and software provide both an enriching and enjoyable way to familiarize oneself with the language or better one's Chinese grammatical skills.

HyperChinese™ received EDUCOM's 1993 Higher Education Software Award for Distinguished Humanities Software (Foreign Languages). This Macintosh™ compatible CD-ROM disk contains a series of language modules which combine text, graphics, sounds, and animation to present the student with a completely user-friendly interface. *HyperChinese*™ makes learning Chinese less intimidating and more rewarding to students of all ages and backgrounds. The *HyperChinese*™ project is the result of the assiduous work of Jing-heng Ma, Professor of Chinese at Wellesley College, and the technical expertise of Robert Smitheram, visiting assistant professor at the University of California, Santa Barbara.

The *C &T Asian Language Series* is designed to publish and widely distribute quality language texts as they are completed by such leading institutions as the Beijing Language Institute, as well as other significant works in the field of Asian languages developed in the United States and elsewhere.

We welcome readers' comments and suggestions concerning the publications in this series. Please contact the following members of the Editorial Board:

Professor Shou-hsin Teng, Chief Editor
Dept. of Asian Languages and Literatures
University of Massachusetts, Amherst, MA 01003

Professor Samuel Cheung
Dept. of East Asian Languages, University of California, Berkeley, CA 94720

Professor Ying-che Li
Dept. of East Asian Languages, University of Hawaii, Honolulu, HI 96822

Professor Timothy Light
Office of the President, Western Michigan University, Kalamazoo, MI 49008

Professor Stanley R. Monro
Dept. of East Asian Languages and Literatures
University of Alberta, Edmonton, Alberta, Canada

Professor Ronald Walton
Dept. of Hebrew and East Asian Languages and Literature
University of Maryland, College Park, MD 20742

Preface

Chinese Unmasked: Grammatical Principles and Applications deals with the basic or core grammar of the Chinese language that is covered in a first-year course, and is divided into fourteen modules, each focusing on a discrete topic. This two-volume book provides the user a practical grammar summary not found in any single Chinese language textbook.[1]

The scope of the material covered is not a complete discourse on Chinese grammar; rather, it emphasizes fundamental grammatical concepts and sentence patterns in order to strengthen the student's basic skills in this area. Great care has been taken to focus on difficult or problem areas and habitual mistakes of language learners when they study these grammatical points. Because this material is not tied to any particular textbook or curriculum, it will allow the instructor the opportunity to tailor a course of study to meet the individual needs of students and address specific gaps in their backgrounds. The sequence of modules, and units within each module, is flexible. This flexibility will enable the instructor to pick and choose among the subjects to attain the particular goals of his or her language course.

By means of this modular arrangement, **Chinese Unmasked** is able to achieve its main purpose-- i.e., to shift the chore of explaining grammatical concepts, with the accompanying drills and practice, out of the classroom and into a more flexible, tutorial environment. Thus time in the classroom can be fully utilized to foster the students' communicative skills.

The target audience for these materials is any student of basic Chinese, including the intermediate language student who needs to review certain core aspects of Chinese grammar. Some preliminary knowledge and understanding of the Chinese language and familiarity with the *pinyin* romanization system are therefore assumed.

Chinese Unmasked originated as a resource material for **HyperChinese: The Grammar Modules.**[2] After presenting the computer project at various conventions and workshops, I was convinced by questions and suggestions from teachers of Chinese to present the materials in printed form, so that students and teachers without access to computers may also benefit from

---

[1]This material is derived from research done by Jing-heng Ma in the field of instructional materials for the Chinese language, and published as *Chinese Language Patterns: Computerized Resource, Vol I: Survey of American Textbooks; Vol II: Survey of Chinese Textbooks*, Ann Arbor, University of Michigan, Center for Chinese Studies, 1985.
[2]**HyperChinese** is a Macintosh-based CD-ROM program that won EDUCOM'S 1993 Higher Education Software Award for Distinguished Humanities Software (Foreign Languages).

them. The book contains the same materials as those in **HyperChinese**. In addition, the book is presented not only in *pinyin*, but also in Chinese characters in either regular or simplified form; characters are not provided in the software version. The book also contains exercises that are not suitable for the computer environment.[3]

Chinese Unmasked consists of two parts:

>The *Resource Book* consists of fourteen modules for a total of 82 units. Each module is prefaced by an introduction, and then followed by a numbered sequence of units, each dealing with a specific aspect of the main topic. It offers a concise structural explanation, followed by model sentences (some with graphics or illustrations) to enhance the explanation.

>The *Student Workbook* is the core of this endeavor. Each exercise focuses the student's attention on a corresponding grammatical structure covered in the *Resource Book*. The number and types of exercises vary, depending on the material presented and the purpose intended. *Pinyin* romanization and Chinese characters in either regular or simplified form are used. Students can respond in either or both, depending on their needs.

Chinese Unmasked can be used independently, but it would be most effective when used in conjunction with **HyperChinese**. The computer program functions in the Macintosh HyperCard environment, which allows a high degree of flexibility in terms of access and navigation. The program allows the user to integrate text, graphics, animation, and digitized articulation which can be heard and repeated as often as the student requires. The printed text establishes an important link between student and instructor by providing for the instructor a reference for selecting modules and units for the student to study. Students can use the printed exercises as a review and as written homework, to ensure the success of their work.

This material reflects insights, gained through years of teaching, concerning common errors made by students as they study Chinese. It also builds on the work of many linguists, Chinese language

---

[3]Also available, by contacting the author directly, are a set of tests and answer keys for each unit of the fourteen modules. This is another feature not included in the computer program.

teachers and textbook writers who have contributed to the study of the Chinese language.[4] To all of them, I owe my gratitude. I am indebted to Vivian Ling, who read the first five modules of the very first draft of the manuscript and made invaluable suggestions. My deepest gratitude goes to Robert Smitheram; without his extraordinary computer know-how and his interest in undertaking the **HyperChinese** project, the publication of **Chinese Unmasked** would not have been possible.

Thanks are due to Fadia Badrawi for drawing some of the informative illustrations in this book. I am grateful to Michelle P. Chin, Alison Groppe, and Helene Schulman for their untiring patience in editing the manuscript, and for making valuable comments and offering insightful suggestions. Any mistakes that remain are purely my own. I also want to thank the members at the centers for Chinese and Japanese Studies of the University of Michigan, and the Chinese Department at Wellesley College for their support.[5] Finally, I would like to thank my husband, daughters, and son-in-law for their unfailing support of my work.

October, 1993

Jing-heng Ma

Department of Chinese
Wellesley College
Wellesley, MA 02181

---

[4]The most important of these include: Yuan-ren Chao, *A Grammar of Spoken Chinese*, Berkeley, 1968; Li Wang, *Hanyu Yufa Gangyao* (Outline of Chinese Grammar), Shanghai, 1957; Charles N. Li and Sandra A. Thomson, *Mandarin Chinese: A Functional Reference Grammar*, Berkeley and Los Angeles, 1981; Henry Fenn and M.C. Tewskbury, *Speak Mandarin*, New Haven and London, 1967, as well as various articles from the *Journal of the Chinese Language Teachers Association* and *Journal of Chinese Linguistics*.

[5]The materials for the first nine modules were developed over a period of three summers as part of a series of computer-generated instructional aids and computer-assisted instructional materials from the centers for Chinese and Japanese Studies at the University of Michigan. The other five modules were developed at Wellesley College.

TABLE OF CONTENTS
Student Workbook

MODULE ONE: NUMBERS

Unit I: Cardinal Numbers 0-10

Exercises

1.   In the space provided, write the correct tone for the
      following numbers, using the Arabic numbers 1, 2, 3, 4 to
      correspond to the chosen tone:

(1)	wu	五	---
(2)	si	四	---
(3)	qi	七	---
(4)	ba	八	---
(5)	liu	六	---
(6)	jiu	九	---
(7)	er	二	---
(8)	ling	零	---
(9)	yi	一	---
(10)	san	三	---

2.   In the space provided, write the Arabic numerical equivalents
      for the Chinese numbers:

(1)	yī	一	---
(2)	sān	三	---
(3)	wǔ	五	---
(4)	qī	七	---
(5)	jiǔ	九	---
(6)	èr	二	---
(7)	sì	四	---
(8)	liù	六	---
(9)	bā	八	---
(10)	shí	十	---

3.   In the space provided, write the pīnyīn with tone marks and
      Chinese characters for the following Arabic numerals:

(1)	7	_____	_____
(2)	5	_____	_____
(3)	8	_____	_____
(4)	4	_____	_____

MUMBERS ONE: NUMBERS

Unit II: Cardinal Numbers 11-99

Exercises

1. Read the following numbers aloud and write their Arabic
    numerical equivalents in the space provided:

(1)	shí	十	____
(2)	èrshí	二十	____
(3)	shíèr	十二	____
(4)	shísān	十三	____
(5)	sānshí	三十	____
(6)	sìshísì	四十四	____
(7)	wǔshíyì	五十一	____
(8)	èrshíèr	二十二	____
(9)	èrshíjiǔ	二十九	____
(10)	sānshíqi	三十七	____
(11)	qīshí	七十	____
(12)	shíbā	十八	____
(13)	jiǔshísì	九十四	____
(14)	jiǔshíwǔ	九十五	____
(15)	qīshísì	七十四	____
(16)	jiǔshísān	九十三	____
(17)	qīshíèr	七十二	____
(18)	liùshíwǔ	六十五	____
(19)	jiǔshíjiǔ	九十九	____
(20)	bāshíbā	八十八	____

2. Write your student ID number and your telephone number in
    pīnyīn with tone marks and Chinese characters:

    (1) _____

         _____

    (2) _____

         _____

1-2-1

MODULE ONE: NUMBERS

Unit III: Tonal Changes for the Numbers yī 'one,' qī 'seven,' and bā 'eight'

Exercises

1. Place the correct tone marks on the number yi 一 in each of the following:

    (1) shíyi   十一   (eleven)

    (2) yige   一个   (one)

    (3) yigòng   一共   (total)

    (4) yicì   一次   (one time)

    (5) yiqǐ   一起   (together)

    (6) yishí   一十   (one ten)

    (7) yi, èr, sān 一，二，三   (one, two, three)

2. Place the correct tone marks on the numbers qi 七 and ba 八 of the following:

    (1) ba kuài qián   八块钱   (eight dollars)

    (2) qi ge rén   七个人   (seven people)

    (3) qi, ba tiān   七，八天 (seven or eight days)

    (4) qi máo ba fēn   七毛八分 (78 cents)

    (5) qi shí ba   七十八   (78)

MODULE ONE: NUMBERS

Unit IV: Numbers over 99

Exercises

1. Read aloud and write the Arabic numerical equivalent for
    the Chinese number in the space provided:

    (1) wǔbǎi   五百   ____

    (2) sānbǎi   三百   ____

    (3) sìqiān yìbǎi wǔshí   四千一百五十   ____

    (4) liùqiān   六千   ____

    (5) sānbǎi èrshí jiǔ   三百二十九   ____

    (6) yìqiān èrbǎi líng qī   一千二百零七   ____

2   For the following numbers, write the Chinese equivalents
    (using pīnyīn with tone marks) in the space provided:

    (1) 111   _____

    (2) 315   _____

    (3) 216   _____

    (4) 407   _____

    (5) 110   _____

    (6) 1,001   _____

    (7) 1,010   _____

    (8) 4,217   _____

    (9) 1,698   _____

MODULE ONE: NUMBERS

Unit V: Numbers in Tens of Thousands

Exercises

Write the given numbers in <u>pīnyīn</u> with tone marks and Chinese characters:

    (1)   105,789

              _____

              _____

    (2)   114,000

              _____

              _____

    (3)   663,6479

              _____

              _____

    (4)   508,283

              _____

              _____

    (5)   601,210

              _____

              _____

    (6)   197,385

              _____

              _____

MODULE ONE: NUMBERS

Unit VI: Numbers in Hundreds of Millions

Exercises

1. Write the following numbers in pīnyīn with tone marks and in
    Chinese characters:

    (1)   35,407,586

             _____

             _____

    (2)   123,456,789

             _____

             _____

    (3)   9,876,541,302

             _____

             _____

    (4)   634,769,251

             _____

             _____

    (5)   10,453,760,000

             _____

             _____

Unit VII: Ordinal Numbers: The Prefixes dì, tóu, and chū

Exercises

For each of the following, write the Chinese characters or in pīnyīn with tone marks:

    (1)   14

                _____

    (2)   14th

                _____

    (3)   the first 14 people

                _____

    (4)   the fourth day of a lunar month

                _____

    (5)   the second time

                _____

    (6)   the first hundred pages

                _____

    (7)   the third wife

                _____

    (8)   the first ten students

                _____

    (9)   the fifth week

                _____

    (10)   the second street

                _____

Unit VIII: Arithmetical Terms

Exercises

For each of the following, write <u>pinyin</u> with tone marks and Chinese characters:

(1)   3+3=6   _____   _____

(2)   5x6=30   _____   _____

(3)   12÷6=2   _____   _____

(4)   8+7=15   _____   _____

(5)   10-1=9   _____   _____

(6)   3/5   _____   _____

(7)   1/2   _____   _____

(8)   4 2/3   _____   _____

(9)   1 1/5   _____   _____

(10)   3/10   _____   _____

(11)   5/100   _____   _____

(12)   7/1000   _____   _____

MODULE ONE: NUMBERS

Unit IX: The Use of <u>èr</u> and <u>liǎng</u> for the Number 'two'

Exercises

In the space provided, write the appropriate form (either <u>èr</u> 二 or <u>liǎng</u> 两) in the following expressions:

(1)　　_____ běn shū　　　　　　'two books'
　　　　_____ 本书

(2)　　shí _____ běn shū　　　　'twelve books'
　　　　十 _____ 本书

(3)　　yì bǎi líng _____　　　　'102'
　　　　一百零 _____

(4)　　_____ shí jiǔ　　　　　　'29'
　　　　_____ 十九

(5)　　bā bǎi _____ shí _____　　'822'
　　　　八百 _____十 _____

(6)　　sān fēn zhī _____　　　　'2/3'
　　　　三分之 _____

(7)　　_____ yòu wǔfēn zhī _____　'2 2/5'
　　　　_____ 又五分之 _____

(8)　　yī, _____, sān　　　　　　'one, two, three'
　　　　一，_____，三

(9)　　yì běn, _____ běn, sān běn　　'one copy, two copies, three copies'

　　　　一本，_____ 本，三本

(10)　　yī jiǔ jiǔ _____ nián　　　'1992'
　　　　一九九 _____ 年

MODULE ONE: NUMBERS

Unit X: The Question Words duōshǎo and jǐ

Exercises

Circle the letter of the best answer for the following:

(1)   Zhèi liàng qìchē 这辆汽车 ...
         (A)   duōshǎo qián?   多少钱?
         (B)   jǐ kuài qián?   几块钱?
         (How much is this car?)

(2)   Zhèr yǒu 这儿有 ...
         (A)   jǐ shūjià?   几书架?
         (B)   jǐge shūjià?   几个书架?
         (How many bookcases are there?)

(3)   Niǔyuē yǒu 纽约有 ...
         (A)   jǐ ge rén?   几个人?
         (B)   duōshǎo rén?   多少人?
         (How many people are in New York?)

(4)   Yì nián yǒu 一年有 ...
         (A)   duōshǎo jì?   多少季?
         (B)   jǐ jì?   几季?
         (How many seasons are in a year?)

(5)   Nǐ yǒu 你有 ...
         (A)   duōshǎo shǒu?   多少手?
         (B)   jǐ zhī shǒu?   几只手?
         (How many hands do you have?)

(6)   Tā yǒu 她有 ...
         (A)   duōshǎo tóufa?   多少头发?
         (B)   jǐ tóufa?   几头发?
         (How much hair does she have?)

(7)   Jīntiān shì xīngqī 今天是星期 ...
         (A)   jǐ?   几?
         (B)   duōshǎo?   多少?
         (What day of the week is today?)

(8)   Xiànzài 现在 ...
  (A) duōshǎo diǎn zhōng?   多少点钟?
  (B) jǐ diǎn zhōng?   几点钟?
  (What time is it?)

(9)   Jīnnián shì 今年是 ...
  (A) yī jiǔ jiǔ jǐ nián? 一九九几年?
  (B) yī jiǔ jiǔ duōshǎo nián? 一九九多少年?
  (This year is 199 __?)

(10) Zhèi ge yuè shì 这个月是 ...
  (A) jǐ yuè?   几月?
  (B) duōshǎo yuè?   多少月?
  (What month is this?)

(11) Nǐ dìdi jīnnián 你弟弟今年...
  (A) jǐ suì?   几岁?
  (B) duōshǎo suì?   多少岁?
  (How old is your little brother?)

(12) Nǐ niàn 你念...
  (A) duōshǎo niánjí? 多少年级?
  (B) jǐ niánjí?   几年级?
  (What grade are you in?)

(13) Nǐ yǒu 你有...
  (A) jǐ péngyou?   几朋友?
  (B) duōshǎo péngyou? 多少朋友?
  (How many friends do you have?)

(14) Nǐmen xuéxiào túshūguǎn yǒu 你们图书馆有...
  (A) duōshǎo běn shū? 多少本书?
  (B) jǐ běn shū?   几本书?
  (How many books does your library have?)

(15) Nǐ yǒu 你有...
  (A) jǐ qián?   几钱?
  (B) duōshǎo qián?   多少钱?
  (How much money do you have?)

MODULE TWO: MEASURES

Unit I: Measures for Money

Exercises

1. Write Chinese characters and p̄īnȳīn with tone marks for the given amounts:

   $ 0.78 _____

   $ 0.12 _____

   $ 0.21 _____

   $ 3.60 _____

   $10.08 _____

   $22.00 _____

   $10.50 _____

   $13.67 _____

2. Write the Chinese equinvalent in p̄īnȳīn with tone marks for larger sums of money. Recall that 'hundred' is bǎi百, 'thousand' is qiān 千, and 'ten thousand' is wàn 万:

   $ 356   _____

   $ 100   _____

   $ 142   _____

   $ 6,420   _____

   $ 2,672   _____

   $30,000   _____

MODULE TWO: MEASURES

Unit II: Measures for a Class of Objects

Exercises

1.   Fill in the blank with the appropriate Chinese measure word
     corresponding to the pictures:

(1)   Zhèi ____ zhuōzi shàng yǒu sān ____ shū, yì ____ bǐ;

      zhuōzi pángbiān yě yǒu sì ____ làbǐ.

      这 ____ 桌子上有三 ____ 书，一 ____ 笔；桌子旁边也有四

      ____ 蜡笔.

(2)   Sān ____ yáshuā, yí ____ qián; yì ____ yáshuā duōshǎo
      qián?

      三 ____ 牙刷，一 ____ 钱；一 ____ 牙刷多少钱？

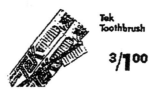

(3)   Wǒ zuótiān mǎi le hěn duō ____ zhǐ, yě mǎi le yì

      ____ gāngbǐ.

      我昨天买了很多 ____ 纸，也买了一 ____ 钢笔.

(4)   Wūzi lǐ yǒu yì ____ chuáng; chuáng shàng yǒu yì ____ tǎnzi; chuáng qián biār yǒu yì ____ zhuōzi; qiáng shàng yǒu yì ____ huàr.

屋子里有一 ____ 床；床上有一 ____ 毯子；床前边儿有一 ____ 桌子；墙上有一 ____ 画儿.

(5)   Zhèi lǐ yǒu yì ____ míngxìnpiàn. Míngxìnpiàn shàng yǒu yì ____ liù fēn qián de yóupiào. Yóupiào shàng yě yǒu liǎng ____ yú.

这里有一 ____ 明信片. 明信片上有一 ____ 六分钱的邮票. 邮票上也有两 ____ 鱼.

2.   Add the correct measure words to the following paragraphs:

(1)   Wǒ yǒu sān ____ (dollar) wǔ ____ (dime) qián. Wǒ xiǎng mǎi sān ____ qiānbǐ, yì ____ zìdiǎn, yě xiǎng mǎi jǐ ____ zhǐ.

我有三 ____ (dollar)五 ____ (dime)钱. 我想买三 ____ 铅笔，一 ____ 字典，也想买几 ____ 纸.

(2)　Wǒ děi mǎi sān ＿＿＿＿ míngxìnpiàn, Yì ＿＿＿＿ míngxìnpiàn

yì máo jiǔ ＿＿＿＿ qián; wǒ yě děi mǎi liǎng ＿＿＿＿ liǎng

＿＿＿＿ wǔ fēn qián de yóupiào, yígòng yí ＿＿＿＿ líng qī

＿＿＿＿ qián, duìbuduì?

我得买三 ＿＿＿＿ 明信片，一 ＿＿＿＿ 明信片一毛九分钱；我也

得买两 ＿＿＿＿ 两 ＿＿＿＿ 五分钱的邮票；一共一 ＿＿＿＿ 零七

＿＿＿＿ 钱，对不对？

MODULE TWO: MEASURES

Unit III: Measures for Objects Used in Classrooms

Exercises

1. Fill in the blanks with the correct Chinese equivalent of the phrase given in parentheses. Where there are two or more ways of expressing the English meaning in Chinese, give both in the spaces provided, separated by a slash (/):

(1)   Qǐng nǐ niàn _____. (the tenth line)

       请你念 _____.

(2)   Zhèi _____ huà wǒ bù dǒng. (three sentences)

       这 _____ 话我不懂

(3)   Qǐng nǐmen kàn _____. (page 15)

       请你们看 _____.

(4)   Nǐ niàn le _____?   (how many courses)

       你念了_____?

(5)   Qǐng nǐ gěi wǒ mǎi _____. (two newspapers)

       请你给我买 _____.

(6)   Wǒ jīntiān děi xiě _____. (two reports)

       我今天得写 _____.

(7)   Qǐng dàjiā kàn xià _____. (the next paragraph)

       请大家看下 _____.

(8)   Zhèi běn shū yǒu _____/_____? (how many lessons)

       这本书，有 _____/_____?

(9)   Qǐng nǐ zuò _____. (one sentence)

请你做 _____.

(10)   Qǐng nǐ gěi wǒ mǎi _____. (two dictionaries)

请你给我买 _____.

2.   Fill in the blanks with the Chinese measure word appropriate to the English word in parentheses:

(1)   Nǐ jīnnián niàn le jǐ ____ kè? (courses)

你今年念了几 ____ 课?

(2)   Jīntiān wǒmen niàn dì èr ____. (lesson)

今天我们念第二 ____.

(3)   Nǐ niàn dì sān ____ dì wǔ ____. (paragraph, line)

你念第三 ____ 第五 ____.

(4)   Zhèi ____ wénzhāng méi yìsi. (articles)

这 ____ 文章没意思?

(5)   Zhèi běn shū yǒu jǐ ____ ? (page)

这本书有几 ____ ?

(6)   Zhèi ____ jùzi nǐ dǒng bu dǒng? (sentences)

这 ____ 句子你懂不懂?

MODULE TWO: MEASURES

Unit IV: Standard Measures

Exercises

1. Fill in each of the blanks with the correct amount:

(1) Yì chǐ yǒu shí cùn. Shí chǐ yǒu _____.

一尺有十寸. 十尺有_____ .

(2) Yì zhàng yǒu _____ chǐ.

一丈有_____ 尺.

(3) Yì lǐ yǒu yìbǎi wǔshí zhàng. Sān lǐ yǒu _____ zhàng.

一里有一百五十丈. 三里有 _____ 丈.

(4) Yì chǐ shì 1.0936 Yīngchǐ. Liǎng chǐ shì _____ yīngchǐ.

一尺是 1.0936 英尺(feet). 两尺是 _____ 英尺.

(5) Yì jīn yǒu shí liǎng. Wǔ jīn yǒu _____ liǎng.

一斤有十两. 五斤有_____ 两.

(6) Yì dàn shì yìbǎi jīn. Sì dàn shì _____ jīn.

一石是一百斤. 四石是 _____ 斤.

(7) Yì jīn shì 1.1023 bàng. Sì jīn shì _____ bàng.

一斤是 1.1023 磅 (pound). 四斤是 _____ 磅.

(8) Yì píng fāng zhàng shì yìbǎi píng fāng chǐ.

Liǎng píng fāng zhàng shì _____ píng fāng chǐ.

一平方丈是一百平方尺. 两平方丈是 _____ 平方尺.

(9) Yì dǒu shì shí shēng. Sān dǒu shì _____ shēng.

一斗是十升. 三斗是 _____ 升.

2. Answer each of the questions by supplying the appropriate information:

(1) Nǐ bàba duō gāo?
你爸爸多高?

Wǒ bàba/tā _____ gāo.

我爸爸/ 他 _____ 高.

(2) Nǐ de jiǎo yǒu duō cháng?
你的脚有多长?

Wǒ de jiǎo _____ cháng.

我的脚 _____长.

(3) Yì zhàng yǒu jǐ chǐ?
一丈有几尺?

Yì zhàng yǒu _____ chǐ.

一丈有____尺.

(4) Nǐ duō zhòng?
你多重(weight)?

Wǒ _____ bàng.

我 _____ 磅.

(5) Qìyóu duōshǎo qián yì jiālún?
汽油(gasoline)多少钱一加仑?

Qìyóu _____ yì jiālún.

汽油 _____ 一加仑.

MODULE TWO: MEASURES

Unit V: Container Measures

Exercise

Referring to the graphics, first fill in the blanks with the correct measure words, and then translate the sentence into English.

(1)   Jīntiān Lǐ tàitai zuò le yì _____ cài qǐng wǒmen chī.

今天李太太做了一 ____ 菜请我们吃.

----

(2)   Zhèi liǎng ge háizi hē yí _____ kěkóukělè.

这两个孩子喝一 ____ 可口可乐.

----

(3)   Zhèi ge guō lǐ yǒu yì ____ miàn; nèi ge guō lǐ yǒu yì ____ cài.

这个锅里有一 ____ 面；那个锅里有一 ____ 菜.

----

(4)   Zhèr yǒu yì _____ chá, yě yǒu yì _____ tāng.

这儿有一 _____ 茶，也有一 _____ 汤.

Unit VI: Collective Measures

Exercise

For each of the following, first fill in the blanks with the correct measure words, and then translate the sentence into English.

(1)   Zhèi _____ xuésheng dōu hěn yònggōng.

这 _____ 学生都很用功.

_____

(2)   Zhèi _____ fūfù hǎoxiàng hěn gāoxìng.

这 _____ 夫妇好像很高兴.

_____

(3)   Yì _____ jīdàn yǒu jǐ _____?

一 _____ 鸡蛋有几 _____?

_____

(4)   Nèi yì (herd) _____ mǎ yǒu sì pǐ.

那一 _____ 马有四匹.

_____

(5) Zhèi yì (amount) _____ qián zhēn bùshǎo. Zhèi ____ qián
     shì shéi gěi tā de?

     这一 _____ 钱真不少. 这 _____ 钱是谁给她的？

     ----

(6) Zhèi sān _____ ěrhuán dōu hěn hǎokàn.

     这三 _____ 耳环都很好看.

     ----

(7) Tā chuān de zhèi _____ xīn yīfu hǎokàn ma?

     她穿的这 _____ 新衣服好看吗？

     ----

(8) Zhèr yǒu wǔ _____ xié. Nǐ xǐhuan chuān něi ____?

     这儿有五 _____ 鞋. 你喜欢哪一 _____ ？

     ----

(9) Zhèi yí (set) _____ shū yǒu duōshǎo _____?

     这一 _____ 书有多少 _____ ？

MODULE TWO: MEASURES

Unit VII: Measures for Verbs of Action

Exercises

1. Answer each question using the next larger number to the one
mentioned in the sentence immediately preceding it.

Example: Wǒ chī guo yí cì Zhōngguo fàn. Nǐ ne?
                我吃过一次中国饭. 你呢?
                Wǒ chī guo <u>liǎng</u> cì Zhōngguo fàn.
                我吃过<u>两次</u>中国饭.

(1)   Wáng xiānsheng qù guo Rìbén jiǔ cì. Nǐ ne?
       王先生去过日本九次. 你呢?

       Wǒ qù guo Rìbén _____.

       我去过日本_____.

(2)   Zhèi běn shū tā kàn guo liǎng biàn. Nǐ ne?
       这本书他看过两遍. 你呢?

       Zhèi běn shū wǒ kàn guo _____.

       这本书我看过 _____.

(3)   Wǒ yì tiān chī liǎng dùn fàn. Nǐ ne?
       我一天吃两顿饭. 你呢?

       Wǒ yì tiān chī _____ fàn.

       我一天吃 _____ 饭.

(4)   Tā qǐng péngyou kàn guo wǔ huí diànyǐng. Nǐ ne?
       她请朋友看过五回电影. 你呢?

       Wǒ qǐng péngyou kàn guo _____ diànyǐng.

       我请朋友看过 _____ 电影.

(5)   Wǒ dào tā jiā qù guo yí tàng. Nǐ ne?

我到他家去过一趟．你呢？

Wǒ dào tā jiā qù guo _____．

我到他家去过 _____．

2.   Answer the following questions with negative statements:

Example: Nǐ chī guo jǐ cì Èguo fàn?

你吃过几次俄国饭？

'How many times have you had Russian food?'

Wǒ yí cì yě méi chī guò.

我一次也没吃过．

'I have never (not even once) had Russian food.'

(1)   Nǐ kàn guo jǐ huí diànyǐng?

你看过几回电影？

Wǒ _____ diànyǐng _____

我 _____ 电影 _____

(2)   Nèi běn shū, nǐ kàn guo jǐ biàn?

那本书，你看过几遍？

Nèi běn shū, wǒ _____

那本书，我 _____

(3)   Nǐ māma jīntiān dǎ le nǐ jǐ dùn?

你妈妈今天打了你几顿？

Wǒ māma jīntiān _____

我妈妈今天 _____

(4)   Nǐ qù guo tā jiā jǐ cì?

你去过他家几次？

Wǒ _____

我 _____

3.	Answer the following questions in Chinese characters or in pinyin with tone marks, and then translate your answer into English:

   (1)	Nǐ shénme shíhou huíjiā?
   		你甚么时候回家？

   		_____

   		_____

   (2)	Nǐ shénme shíhou kàn shū?
   		你甚么时候看书？

   		_____

   		_____

   (3)	Nǐ kàn shū kàn le duō jiǔ le?
   		你看书看了多久了？

   		_____

   		_____

   (5)	Nǐ shénme shíhou shàngkè?
   		你甚么时候上课？

   		_____

   		_____

4.	Fill in each blank with the appropriate measure word:

   (1)	Tā cǎi le wǒ yì _____.

   		他踩了我一 _____.

   (2)	Wǒ dǎ le nà ge rén liǎng _____.

   		我打了那个人两 _____.

   (3)	Māma dèng le wǒ yì_____ .

   		妈妈瞪了我一 _____ .

Unit VIII: Reduplication of Measure Words

Exercises

1.   For each of the following sentences, first replace the
     underlined expression with the appropriate reduplicated
     measure words and then translate your sentence into English.

   (1)   Tā de yīfu, měi yí jiàn dōu hěn hǎokàn.
         她的衣服，每一件都很好看.

         Tā de yīfu, _____ dōu hěn hǎokàn.

         她的衣服，_____ 都很好看.

         _____

   (2)   Tā nǚér měitiān dōu yào hē niúnǎi.
         他女儿每天都要喝牛奶.

         Tā nǚér _____ dōu yào hē niúnǎi.

         他女儿 _____ 都要喝牛奶.

         _____

   (3)   Wáng jiàoshòu xiě de wénzhāng, měi yì piān dōu hěn yǒu
         yìsi.
         王教授写的文章，每一篇都很有意思.

         Wáng jiàoshòu xiě de wénzhāng, _____ dōu hěn
         yǒu yìsi.

         王教授写的文章，_____ 都很有意思.

         _____

   (4)   Tā měinián dào Zhōngguo qù yí cì.
         他每年到中国去一次.

         Tā _____ dào Zhōngguo qù yí cì.

他 _____ 到中国去一次.

(5) Zhèi kè shū, <u>měi yí duàn</u> dōu yǒu hěn duō shēngzì.
这课书，<u>每一段</u>都有很多生字.

Zhèi kè shū, _____ dōu yǒu hěn duō shēngzì.

这课书，____ 都有很多生字.

----

2. For each of the following sentences, first write the sentence
in Chinese characters or <u>pīnyīn</u> with the word dōu 都 'all' in
the correct location, and then translate your sentence into
English.

(1) Māma zuò de cài, gège yǒu ròu.
妈妈做的菜，个个有肉.

----

(2) Nèi ge xuésheng zuò de jùzi, jùju bú duì.
那个学生作的句子，句句不对.

----

(3) Zhèi jǐ tiáo lù, tiáotiao bù hǎo zǒu.
这几条路，条条不好走.

----

(4) Wǒ de xié, měishuāng tài xiǎo.
我的鞋，每双太小.

----

(5)　　Nǐ wèn de wèntí, wǒ gèger bú huì huídá.
　　　你问的问题，我个个儿不会回答．

　　　　　　_____

　　　　　　_____

3.　Fill in each of the following blanks with the appropriate
　　expression to convey the meaning of the English in parentheses.
　　Where there are two or more ways of expressing the English
　　meaning in Chinese, give both in the space provided, separated
　　by a slash (/).

　　(1)　　Qǐng nǐ gěi _____ rén yí kuài táng.

　　　　　请你给 _____　人一块糖．
　　　　　(Please give everyone a piece of candy.)

　　(2)　　Wǒ de xuésheng _____ dōu xǐhuan shuō Zhōngguo huà.

　　　　　我的学生 _____　都喜欢说中国话．
　　　　　(Everyone of my students likes to speak Chinese.)

　　(3)　　_____ rén yǒu měi yí ge rén de cháng chù, yé yǒu

　　　　　_____ rén de duǎn chù.

　　　　　_____ 人有每一个人的长处，也有 _____　人的短处．
　　　　　(Every one has his/her strong points and short
　　　　　comings.)

　　(4)　　Tā xiě de nà sān běn shū, _____ /_____ dōu méi yǒu
　　　　　yìsi.

　　　　　他写的那三本书，_____ /_____ 都没有意思．
　　　　　(Every one of the three books he wrote was dull.)

2-8-3

MODULE THREE: LOCALITY

Unit I: Places

Exercises

1. In the space provided, write the English equivalent for each of the following:

(1)	Shànghǎi	上海	_____
(2)	Měiguo	美国	_____
(3)	Rìběn	日本	_____
(4)	Zhōngguo	中国	_____
(5)	Tàiguo	泰国	_____
(6)	Niǔyuē	纽约	_____
(7)	Jiùjīnshān	旧金山	_____
(8)	Zhījiāgē	芝加哥	_____
(9)	Huáshèngdùn	华盛顿	_____
(10)	Jiānádà	加拿大	_____

2. In the space provided, first write <u>pīnyīn</u> with tonemarks, and then in Chinese characters for each of the following:

(1)	England	_____	_____
(2)	Vietnam	_____	_____
(3)	Hong Kong	_____	_____
(4)	Germany	_____	_____
(5)	India	_____	_____
(6)	Russia	_____	_____
(7)	France	_____	_____
(8)	Korea	_____	_____

3. Answer each of the following questions in Chinese characters, using the English term in parentheses to determine your response:

(1)   Nǐ péngyou zài nǎr?   (Japan)
        你朋友在那儿?

        _____

(2)   Nǐ mǔqin zài Zhōngguo shénme dìfang? (Shanghai)
        你母亲在中国甚么地方?

        _____

(3)   Nǐ fùqin yě zài Shànghǎi ma?   (no)
        你父亲也在上海吗?

        _____

(4)   Nǐ gēge shì zài Niǔyuē, háishi zài Zhījiāgē? (neither)
        你哥哥是在纽约，还是在芝加哥?

        _____

(5)   Nǐ dìdi yě zài Zhōngguo ba?   (yes)
        你弟弟也在中国吧?

        _____

(6)   Nǐ de péngyou shì zài Hánguo háishi zài Yuènán?
        (Korea)
        你的朋友是在韩国还是在越南?

        _____

4. Referring to the graphics, first answer the questions in <u>pinyin</u> with tone marks or in Chinese characters, and then translate your answer into English.

(1)   Nǐ shì něi guo rén?
        你是哪国人?

        _____

        _____

(2)   Zhāng tàitai ne?
       张太太呢？

       _____

       _____

(3)   Tā shì Zhōngguo shénme dìfang de rén?
       他是中国什么地方的人？

       _____

       _____

(4)   Wáng xiǎojie shì Fàguo rén háishi Yīngguo rén?
       王小姐是法国人还是英国人？

       _____

       _____

(5)   Lǐ xiānsheng shì Táiwān shénme dìfang de rén?
       李先生是台湾什么地方的人？

       _____

       _____

MODULE THREE: LOCALITY

Unit II: People's Actions at a Certain Place

Exercises

1. In the space provided, write the English equivalent:

    (1) cèsuǒ   厕所   _____
    (2) túshūguǎn   图书馆   _____
    (3) fànguǎn   饭馆   _____
    (4) lǚguǎn   旅馆   _____
    (5) dàshǐguǎn   大使馆   _____
    (6) cāntīng   餐厅   _____
    (7) sùshè   宿舍   _____
    (8) fēijīchǎng   飞机场   _____
    (9) yínháng   银行   _____
    (10) yīyuàn   医院   _____

2. In the space provided, first write pīnyīn with tone marks,
    and then in Chinese characters for each of the following:

    (1) restaurant   _____   _____

    (2) travel agency   _____   _____

    (3) school   _____   _____

    (4) cafeteria   _____   _____

    (5) restroom   _____   _____

    (6) post office   _____   _____

    (7) hotel   _____   _____

    (8) bus station   _____   _____

    (9) dormitory   _____   _____

    (10) bank   _____   _____

3. First correct the error(s) in each of the following sentences, and then translate your sentence into English.

    (1)   Nǐ mǎi fēijī piào zài shénme dìfang?
            你买飞机票在甚么地方？

            ----

    (2)   Nǐ tàiatai xǐhuan chīfàn zài nǎr ?
            你太太喜欢吃饭在哪儿？

            ----

    (3)   Wǒ huàn qián zài yínháng.
            我换钱在银行

            ----

4. First translate each of the following questions into English, and then answer each question with a complete sentence in pīnyīn with tone marks or in Chinese characters:

    (1)   Nǐ xǐhuan zài túshūguǎn háishi zài sùshè niànshū?
            你喜欢在图书馆念书，还是在宿舍念书？

            ----

    (2)   Nǐ cháng zài shénme dìfang chīfàn?
            你常在什么地方吃饭？

Unit III: Where, How, and Why People Are Going/Coming to a Place

Exercises

1.   First translate each of the following questions into English, and then answer the question in a complete sentence in pinyin with tone marks, or in Chinese characters.

   (1)   Nǐ xiànzài yào dào shénme dìfang qù?
          你现在要到什么地方去?

          ----

   (2)   Nǐ jīntiān yào dào xuéxiào lái ma?
          你今天要到学校来吗?

          ----

   (3)   Nǐ xǐhuan bu xǐhuan dào túshūguǎn qù?
          你喜欢不喜欢到图书馆去?

          ----

   (4)   Qián xiānsheng yào dào Rìběn hái shi yào dào Hánguo?
          钱先生要到日本还是要到韩国?

          ----

   (5)   Nǐ zhīdao bu zhīdao Wáng lǎoshī dào nǎr qù le?
          你知道不知道王老师到哪儿去了?

          ----

(6)   Nǐ bàba shì cóng nǎr lái de?

你爸爸是从哪儿来的？

----

(7)   Nǐ shì cóng sùshè lái háishi cóng jiā lái?

你是从宿舍来还是从家来？

----

(8)   Tā míngtiān yào cóng shénme dìfang qù huǒchē zhàng?

他明天要从什么地方去火车站？

----

(9)   Nǐ dǎsuàn cóng fēijīchǎng qù tā jiā ma?

你打算从飞机场去他家吗？

----

2.   Answer the questions in pīnyīn with tone marks, or in Chinese
characters, using the information given in parentheses or
providing your own response if no information is given:

(1)   Nǐ mèimei yào cóng nǎr dào nǎr qù?
(place 1 = bookstore, place 2 = restaurant)

你妹妹要从那儿到那儿去？

----

(2)   Cóng Měiguo dào Zhōngguo qù, yuǎn bu yuǎn?

从美国到中国去，远不远？

----

(3)   Nǐ xiǎng cóng Rìběn dào Zhōngguo qù, háishi cóng
      Xiānggǎng dào Zhōngguo qù?
      你想从日本到中国去，还是从香港到中国去？

      ----

(4)   Nǐ shì cóng Jiānádà dào Měiguo qù de ma?
      你是从加拿大到美国去的吗？

      ----

(5)   Nǐ dǎsuàn cóng nǎr dào diànyǐngyuàn qù?
      你打算从那儿到电影院去？

      ----

(6)   Nǐmen zěnme dào Rìběn qù?
      你们怎么到日本去？

      ----

(7)   Tāmen zuò gōnggòng qìchē dào nàr qù?
      他们坐公共汽车到那儿去？

      ----

(8)   Nǐ xiǎng shì zuò huǒchē qù hǎo, háishi zìjǐ kāi chē
      qù hǎo?
      你想是坐火车去好，还是自己开车去好？

      ----

(9)   Nǐ měitiān cóng jiā dào xuéxiào zěnme qù?
      你每天从家到学校怎么去？

      ----

(10)　Cóng fēijīchǎng dào lǚguǎn kěyi zuò shénme chē?
从飞机场到旅馆可以坐什么车？

----

(11)　Nǐ jiějie shì lái kànshū, háishi lái jiè shū?
你姐姐是来看书，还是来借书？

----

(12)　Nǐ dào yóuzhèng jú qù zuò shénme?
你到邮政局去做什么？

----

(13)　Nǐ shì qù sànbù qù, háishi qù kàn péngyou qù?
你是去散步去，还是去看朋友去？

----

(14)　Nǐ míngtiān hái lái kàn diànyǐng ma?
你明天还来看电影吗？

----

(15)　Nǐ zhèi ge zhōumò (weekend) dǎsuàn zuò shénme?
你这个周末打算作什么？

MODULE THREE: LOCALITY

Unit IV: Where Things and Places Are

Exercises

1. In the space provided, supply both the pinyin and the Chinese characters for each of the following:

		Pinyin	Character
(1)	above	_____	_____
(2)	right	_____	_____
(3)	inside	_____	_____
(4)	front	_____	_____
(5)	left	_____	_____
(6)	west	_____	_____
(7)	south	_____	_____

2. To the left of each numbered Chinese word, enter the letter of the corresponding English word:

___ (1) zuǒ	左		(A)	middle
___ (2) zhōng	中		(B)	east
___ (3) xī	西		(C)	back
___ (4) yòu	右		(D)	above
___ (5) lǐ	里		(E)	west
___ (6) shàng	上		(F)	inside
___ (7) dōng	东		(G)	left
___ (8) páng	旁		(H)	south
___ (9) qián	前		(I)	beside
___(10) nán	南		(J)	north
___(11) běi	北		(K)	below
___(12) xià	下		(L)	right
___(13) hòu	后		(M)	out/outside
___(14) wài	外		(N)	front

3. First translate each of the following questions into English, and then answer the questions in pinyin with tone marks, or Chinese characters, according to the illustrations:

(1) Shū zài nǎr?
     书在那儿?

     _____

     _____

(2) Xuéxiào zài zuǒ biān háishi zài yòu biān?
     学校在左边还是在右边?

     _____

     _____

xuéxiào		yínháng
shān	lù	túshūguǎn
shūpù		jiǔpù
qìchēzhàn		cèsuǒ

(3) Zhèi ge háizi zài nǎr?
     这个孩子在哪儿?

     _____

     _____

(4) Qìchē zài qiánbiān háishi zài hòu biān?
     汽车在前边还是在后边?

     _____

     _____

(5) Shān zài fángzi nán biān háishi zài fángzi běi biān?
     山在房子南边还是在房子北边?

     _____

     _____

4. First translate each of the following questions into English, and then answer the question in Chinese characters or in _pinyin_ with tone marks, using the phrase in parentheses.

   (1) Rén zài nǎr? (on top of the mountain)
        人在哪儿？

        ----

   (2) Chuán zài shénme dìfang? (in the lake)
        船在什么地方？

        ----

   (3) Qìchē zài nǎr? (between the two trees)
        汽车在哪儿？

        ----

   (4) Wáng lǎoshī zài nǎr? (in the classroom)
        王老师在哪儿？

        ----

   (5) Wáng xiáojie zài shénme dìfang? (in the kitchen)
        王小姐在什么地方？

        ----

5. Using the direction opposite to the one mentioned, answer the following questions in _pinyin_ with tone marks or in Chinese characters:

   (1) Měi Yīng zài nǐ yòu biār. Nǐ zài Měi Yīng něi biān?
        美英在你右边儿．你在美英哪边？

        ----

(2)　Húběi shěng zài Húnán shěng běi biār. Húnán shěng zài
　　Húběi shěng něi biān?
　　湖北省在湖南省北边儿．湖南省在湖北省哪边？

　　--

(3)　Zhǐ zài zìdiǎn shàngtou. Zìdiǎn zài nǎr?
　　纸在字典上头．字典在哪儿？

　　--

(4)　Huǒchē zhàn zài qìchē zhàn yǒubiār. Qìchē zhàn zài
　　nǎr?
　　火车站在汽车站右边儿．汽车站在哪儿？

　　--

(5)　Shānxī shěng zài shāndōng shěng xī biār. Shándōng
　　shěng zài nǎr?
　　山西省在山东省西边儿．山东省在哪儿？

　　--

5.　In the space provided, enter the demonstrative place word <u>zhèr</u>
　　这儿 'here' or <u>nàr</u> 那儿 'there' depending on which is needed:

(1)　Qǐng nǐ dào wǒ _____ lái.
　　请你到我 _____ 来．

(2)　Wǒ bù xiǎng dào nǐ _____ qù.
　　我不想到你 _____ 去．

(3)　Qǐng nǐ bǎ shū ná dào Wáng jiàoshòu _____ qù.
　　请你把书拿到王教授 _____ 去．

(4)　Kuài dào māma _____ lái!
　　快到妈妈 _____ 来！

(5)　Nǐ yào dào shéi _____ qù?
　　你要到谁 _____ 去？

MODULE THREE: LOCALITY

Unit V: Identifying Places

Exercises

1. Basing your response on the illustrations, answer the following
    questions in pīnyīn with tone marks and in Chinese characters:

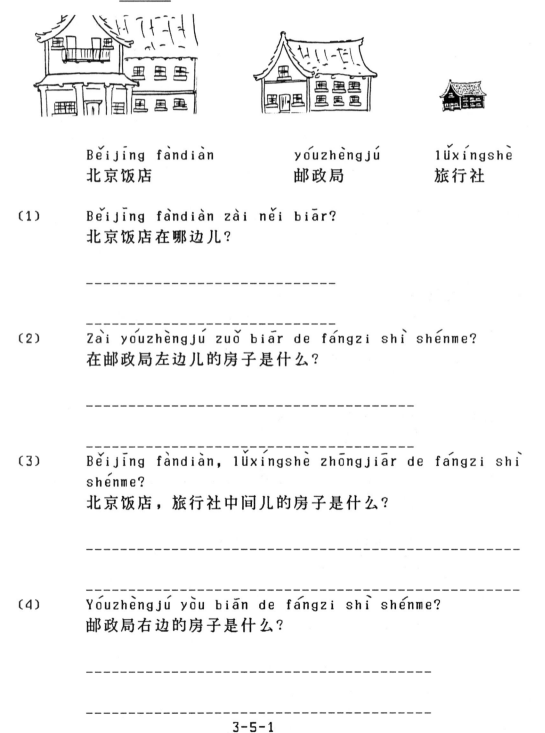

Běijīng fàndiàn   yóuzhèngjú   lǚxíngshè
北京饭店   邮政局   旅行社

(1)   Běijīng fàndiàn zài něi biār?
        北京饭店在哪边儿?

        _____

        _____

(2)   Zài yóuzhèngjú zuǒ biār de fángzi shì shénme?
        在邮政局左边儿的房子是什么?

        _____

        _____

(3)   Běijīng fàndiàn, lǚxíngshè zhōngjiār de fángzi shì
        shénme?
        北京饭店,旅行社中间儿的房子是什么?

        _____

        _____

(4)   Yóuzhèngjú yòu biān de fángzi shì shénme?
        邮政局右边的房子是什么?

        _____

        _____

2.   Using information in the illustrations, first translate each
     of the following questions into English, and then answer the
     questions in p̲ī̲n̲y̲ī̲n̲ with tone marks or in Chinese characters:

                                    běi 北

                  Zhōngwén xì   Éwén xì   lùyīnshì
                  中文系   俄文系   录音室

xī 西   dōng 东

                  túshūguǎn   nán cèsuǒ   nǚ cèsuǒ
                  图书馆   男厕所   女厕所

                                   nán 南

     (1)   Zhōngwén xì zài nǎr ?
           中文系在哪儿?

           _____

           _____

     (2)   Túshūguǎn ne?
           图书馆呢?

           _____

           _____

     (3)   Qǐngwèn, náncèsuǒ zài nǎr?
           请问，男厕所在哪儿?

           _____

           _____

     (4)   Cèsuǒ zài lùyīnshì de něi biān?
           厕所在录音室的哪边?

           _____

           _____

                              3-5-2

3.   Write a passage in Chinese characters, describing the
     following illustration:

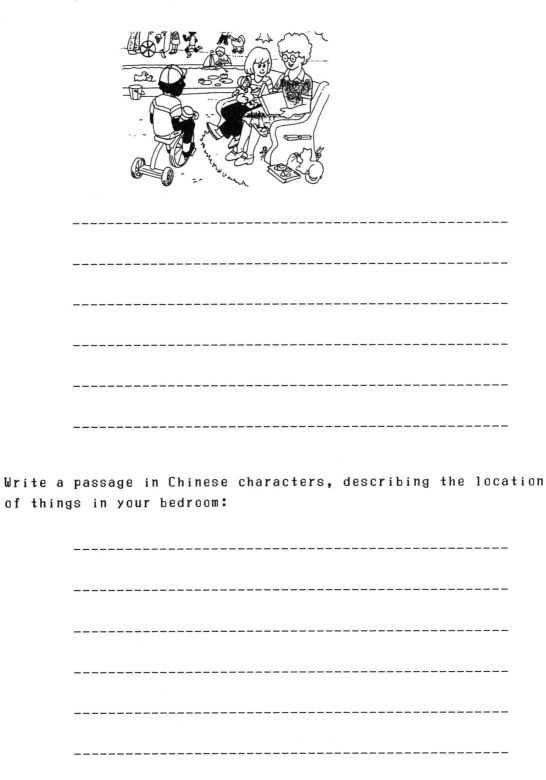

----

4.   Write a passage in Chinese characters, describing the location
     of things in your bedroom:

MODULE THREE: LOCALITY

Unit VI: Asking Directions

Exercises

1. Answer the following questions in <u>pīnyīn</u> with tone marks or
    in Chinese characters:

    (1)   Nǐ jiā zài chéng lǐtou háishi zài chéng wàitou?
           你家在城里头还是在城外头？

           ----

    (2)   Nǐ jiā shì zài chéng něi biār?
           你家是在城哪边儿？

           ----

    (3)   Bōshìdūn (Boston) zài Měiguo de něi biār?
           波士顿在美国的哪边儿？

           ----

    (4)   Jiāzhōu (California) zài Měiguo něi biān(r)?
           加州在美国的哪边儿？

           ----

2. First, using either <u>pīnyīn</u> with tone marks or Chinese
    characters, change the meaning of each of the following
    sentences to its opposite by substituting a new word for the
    underlined one. Then translate your new sentence into English:

    (1)   Nǐ děi cóng shūdiàn wàng <u>xī</u> guǎi.
           你得从书店往<u>西</u>拐。

3-6-1

(2)   Cóng Wáng Jiā wàng <u>nán</u> zǒu.
从王家往<u>南</u>走.

----

(3)   Cóng lǚguǎn nàr wàng <u>dōng</u> zǒu.
从旅馆那儿往<u>东</u>走.

----

3.   First, translate each of the following questions into English. Then, using the information in the diagram, answer the questions in <u>pīnyīn</u> with tone marks or in Chinese characters:

(1)   Cóng túshūguǎn dào shūdiàn zěnme zǒu?
从图书馆到书店怎么走?

----

(2)   Cóng shūdiàn dào Lǐ Jiā zěnme zǒu?
从书店到李家去怎么走?

----

(3)   Cóng Lǐ Jiā dào fàndiǎn zěnme zǒu?
从李家到饭店怎么走?

Unit VII: Asking about Distances

Exercises

1. Translate each of the following related questions into Chinese; then answer each question in complete sentences, in pinyin with tone marks or in Chinese characters, using the information in parentheses.

    (1)   Where is your home?
               (a small town south of New York)

               ----

    (2)   How far is it from New York?
               (about 50 miles)

               ----

    (3)   Is there a bus that goes from your home to New York City?   (no)

               ----

    (4)   How far is your home from Boston?
               (more than 300 miles)

               ----

    (5)   Do you know how far it is from New York City to Boston?   (no)

               ----

2.   Translate the following sentences using Chinese characters:

(1)   The Chinese department is not far from our classroom.

----

(2)   My bedroom is very close to the bathroom.

----

(3)   How many miles is your school from your home?

----

(4)   The library in front of the lake is three miles from the library behind the lake.

----

(5)   Isn't China a long way from America?

----

(6)   The park is too far from my home. I don't go there very often.

----

(7)   Japan is about the same distance from China as England is from France.

----

(8)   How far is it from Wellesley to Boston?

----

(9)   England is not as far from America as Taiwan is.

MODULE FOUR: TIME

Unit I: Days of the Week and Parts of the Day

Exercises

1. In the space provided, write the Chinese equivalent of the
    indicated date. For purposes of this exercise, May 26 is today:
    May 26.

    (1)   May 23   dà qiántiān   大前天

    (2)   May 24   _____

    (3)   May 25   _____

    (4)   May 26   jīntiān   今天

    (5)   May 27   _____

    (6)   May 28   _____

    (7)   May 29   _____

2. Basing your answer on the English in parentheses, answer each
    of the questions below in Chinese characters or in pinyin with
    tone marks:

    (1)   Nǐ jīntiān yào qù zuò shénme?   (to see a movie)
           你今天要去做甚么?

           _____

    (2)   Zuótiān nǐ kàn shū le ma?   (no)
           昨天你看书了吗?

           _____

    (3)   Nǐ dà qiántiān zài nǎr? (I don't remember)
           你大前天在哪儿?

           _____

4-1-1

(4)) Nǐ něi tiān yào qù Niǔyuē? (the day after tomorrow)
你哪天要去纽约?

----

(5) Nǐ měitiān chī Zhōngguo fàn ma? (not every day)
你每天吃中国饭吗?

----

(6) Nǐ shì něi tiān huí lái de? (the day before yesterday)
你是哪天回来的?

----

(7) Nǐ shénme shíhou yào gěi nǐ fùmǔ dǎ diànhuà? (tonight)
你什么时候要给你父母打电话?

----

(8) Nǐ shénme shíhou yào qù túshūguǎn? (tomorrow afternoon)
你什么时候要去图书馆?

----

(9) Nǐ shénme shíhou kàn diànyǐng? (every night)
你什么时候看电影?

----

3. Using Chinese characters, write a passage about your plans for this weekend:

Unit II: Telling Time

Exercises

1. Complete each of the following sentences as indicated by the illustrations. Give two ways of telling the same time:

   (1) Tā _____ /_____ qǐlái.

        他 _____ /_____ 起来.

   (2) Wǒ _____ /_____ chī zǎofàn.

        我 _____ /_____ 吃早饭.

   (3) Wǒmen _____ /_____ shàngkè.

        我们 _____ /_____ 上课.

   (4) Wǒ _____ /_____ chī wǔfàn.

        我 _____ /_____ 吃午饭.

   (5) Wú jiā _____ chī wǎnfàn.

        吴家 _____ 吃晚饭.

2. First translate each of the following questions into English, and then answer the question with a complete Chinese sentence, either in <u>pīnyīn</u> with tones or in Chinese characters:

   (1) Nǐ měitiān zǎoshang jǐ diǎn zhōng qǐchuáng?
        你每天早上几点钟起床?

        _____

        _____

(2)　Nǐ píngcháng jǐ diǎn zhōng chī zǎofàn?
你平常几点钟吃早饭?

----

(3)　Nǐ jīntiān xiàwǔ jǐ diǎn zhōng qù kàn dàifu?
你今天上午几点钟去看大夫?

----

(4)　Nǐ zuótiān wǎnshang jǐ diǎn zhōng huí lái de?
你昨天晚上几点钟回来的?

----

(5)　Nǐ míngtiān shénme shíhou qù kàn diànyǐng?
你明天甚么时候去看电影?

----

(6)　Nǐ měitiān shénme shíhou shuìjiào?
你每天甚么时候睡觉?

3.　Translate the following sentences into Chinese, either in
   pīnyīn with correct tones or in Chinese characters:

(1)　I take 7:30 bus to school everyday.

----

(2)　See you at 12:15.

----

(3)　Good-bye. See you in the morning.

MODULE FOUR: TIME

Unit III: Relative Time Words

Exercises

1. To the left of each numbered Chinese expression, enter the letter of the corresponding English expression:

   ___(1) hòulái   后来   (A) in the future
   ___(2) xiànzài   现在   (B) after
   ___(3) jìnlái   近来   (C) afterwards
   ___(4) guòqù   过去   (D) in the past
   ___(5) yǐhòu   以后   (E) just now
   ___(6) yǐqián   以前   (F) formerly
   ___(7) gāngcái   刚才   (G) recently
   ___(8) jiānglái   将来   (H) before
   ___(9) cóngqián   从前   (I) now

2. First translate each of the following questions into English, and then answer the question in Chinese characters or in pinyin with tone marks, to conform to the English:

   (1)   Nǐ jīntiān chī zhōngfàn yǐhòu yào zuò shénme?
         (visit a friend)
         你今天吃中饭以后要做什么？

         ----

   (2)   Nǐ chī zǎofàn yǐqián zài nǎr?   (at my dorm)
         你吃早饭以前在哪儿？

         ----

   (3)   Nǐ chīfàn de shíhou xǐhuan zuò shénme?   (watch TV)
         你吃饭的时候喜欢做什么？

         ----

(4) Nǐ chī wǎnfàn de shíhoi xǐhuan tán bù gāoxìng
     de shì ma? (no)
     你吃晚饭的时候喜欢谈不高兴的事吗？

     ----

(5) Sān tiān yǐqián nǐ zài nǎr? (in China)
     三天以前你在哪儿？

     ----

(6) Nǐ wǎnshang méi shì de shíhou zuò shénme?
     (read the newspaper)
     你晚上没事的时候做什么？

     ----

(7) Nǐ dào Zhōngguó yǐqián zài nǎr niàn shū?
     (answer with your school name)
     你到中国以前在哪念书？

     ----

(8) Jīntiān xià kè yǐhòu, nǐ yào dào nǎr qù? (to the park)
     今天下课以后，你要到哪儿去？

     ----

(9) Shàng kè yǐqián nǐ yào zuò shénme? (prepare lessons)
     上课以前你要做什么？

     ----

(10)   Shàng kè de shíhou nǐ cháng wèn wèntí ma?
       (not very often)
       上课的时候你常问问题吗？

       ----

3.   Fill in each of the blanks, to conform to the English:

     (1)   _____, wǒ děi duō wēnxí gōngkè.
           (before taking an exam)

           _____, 我得多温习功课.

     (2)   _____, wǒmen dǎ qiú, hǎo bu hǎo?
           (after you come)

           _____, 我们打球，好不好？

     (3)   _____, wǒmen qù kàn diànyǐng, hǎo ma?
           (after we've had our exam)

           _____, 我们去看电影，好吗？

     (4)   _____, wǒ shénme zì dōu bú jìde le.
           (during the exam)

           _____, 我什么字都不记得了.

     (5)   _____, bù xǐhuan bié rén gēn wǒ shuōhuà.
           (when I read)

           _____, 不喜欢别人跟我说话.

4.   Translate the following sentences using either Chinese
     haracters or pīnyīn with tone marks:

     (1)   Where are you planning to go tomorrow afternoon
           at five?

           ----

(2)   After getting off the plane, I want to go to the hotel first.

        ----

(3)   Sorry, I have been busy these last few days, and was not able to go see you.

        ----

(4)   I am not planning to work after I graduate; I want to travel.

        ----

(5)   When are you going to China?

        ----

5.   First translate each of the following questions into English, and then answer the question in Chinese characters:

(1)   Nǐ jiānglái dǎsuàn zuò shénme?
        你将来打算作什么？

        ----

(2)   Cóngqián nǐ huì shuō Zhōngguo huà ma?
        从前你会说中国话吗？

        ----

(3)   Xiànzài ne?
        现在呢？

        ----

(4)   Yǐhòu nǐ hái yào xué Zhōngwén ma?
        以后你还要学中文吗？

MODULE FOUR: TIME

Unit IV: Years, Months, and Seasons

Exercises

1. Answer the following questions in Chinese characters or in <u>pīnyīn</u> with tone marks:

(1) Jīnnián shì yī jiǔ jiǔ sān nián, míngnián shì
yī jiǔ jiǔ jǐ nián?
今年是一九九三年，明年是一九九几年？

----

(2) Qùnián ne?
去年呢？

----

(3) Qiánnián ne?
前年呢？

----

(4) Hòunián ne?
后年呢？

----

(5) Shí nián yǐqián ne?
十年以前呢？

----

(6) Yì nián yǒu jǐ ge yuè?
一年有几个月？

----

(7) Yì nián de zuòhòu yí ge yuè shì jǐ yuè?
一年的最后一个月是几月？

----

(8) Yī yuè yòu jiào shénme yuè?
一月又叫什么月？

----

2.   Answer the following questions in Chinese characters or in
      pinyin with tone marks:

(1)   Jīntiān shì zhēng yuè chū yī, míngtiān ne?
       今天是正月初一，明天呢？

       ----

(2)   Qiántiān shì shí yuè èrshí hào, jīntiān shì jǐ hào?
       前天是十月二十号，今天是几号？

       ----

(3)   Jīntiān shì qī yuè shí hào, hòutiān shì jǐ hào?
       今天是七月十号，后天是几号？

       ----

(4)   Zuótiān shì zhēng yuè sānshí yī, jīntiān shì
       shénme rìzi?
       昨天是正月三十一，今天是什么日子？

       ----

(5)   Jǐ yuè jǐ hào shì yì nián de zuò hòu yì tiān?
       几月几号是一年的最后一天？

       ----

(6)   Yì nián yǒu něi sì jì?
       一年有哪四季？

       ----

(7)   Něi yí jì tiānqi zuì lěng?
       哪一季天气最冷？

       ----

(8)   Yì nián sì jì, nǐ zuì xǐhuan něi yí jì? Wèi shénme?
       一年四季，你最喜欢哪一季？为甚么？

       ----

(9)   Nǐ de shēngri shì jǐ yuè jǐ hào?
       你的生日是几月几号？

MODULE FOUR: TIME

Unit V: Days of the Week, and Terms for the School Year

Exercises

1. Answer the questions in Chinese characters or in <u>pinyin</u> with
    tone marks, according to the following calendar:

\multicolumn{7}{c}{MARCH 1993}

```
MARCH 1993
S   M   T   W   T   F   S
        1   2   3   4   5   6
    7   8   9   10  11  12  13
    14  15  16  17  18  19  20
    21  22  23  24  25  26  27
    28  29  30  31
```

(1)   Yī jiǔ jiǔ sān nián sān yuè yǒu jǐ ge xīngqī?
       一九九三年三月有几个星期?

       ----

(2)   Sān yuè èrshí liù hào shì xīngqī jǐ?
       三月二十六号是星期几 ?

       ----

(3)   Yī jiǔ jiǔ sān nián sān yuè yǒu jǐ ge xīngqī rì?
       一九九三年三月有几个星期日 ?

       ----

(4)   Zhōumò nǐ shàng bu shàng kè?
       周末你上不上课 ?

       ----

(5)   Nǐ zhèi ge zhōumò yào zuò shénme?
       你这个周末要做什么?
       ----

(5)   Yī ge xīngqī yǒu jǐ tiān?
       一个星期有几天?

       ----

2. First translate the following questions, and then answer each
   question with a complete Chinese sentence in characters or in
   <u>pinyin</u> with tone marks:

   (1)   Nǐ de xuéxiào yì nián yǒu jǐ ge xuéqī?
         你的学校一年有几个学期？

         ----

   (2)   Dì yí ge xuéqī shì cóng jǐ yuè dào jǐ yuè?
         第一个学期是从几月到几月？

         ----

   (3)   Nǐ zhèi ge xuéqī niàn le jǐ mén gōngkè?
         你这个学期念了几门功课？

         ----

   (4)   Xià ge xuéqī nǐ dǎsuàn niàn jǐ mén kè?
         下个学期你打算念几门课？

         ----

   (5)   Dì yí ge xuéqī yǒu jǐ ge lǐbài?
         第一个学期有几个礼拜？

         ----

   (6)   Nǐ měitiān niàn jǐ ge zhōngtou de shū?
         你每天念几个钟头的书？

Unit VI: Time words as Measure of Action

Exercises

1. Fill in the blanks with the Chinese equivalent of the English
    in parentheses:

    (1)   shíwǔ _____   (15 minutes)

           十五 _____

    (2)   sān _____   (three years)

           三 _____

    (3)   liǎng _____   (two semesters)

           两 _____

    (4)   wǔ _____   (five hours)

           五 _____

    (5)   bàn _____   (half an hour)

           半 _____

2. To the left of each numbered Chinese time expression, enter
    the letter of the corresponding English word:

    ___(1) shàng xīngqī   上星期   (A) half an hour
    ___(2) liǎng diǎnzhōng   两点钟   (B) eight days
    ___(3) èr yuè   二月   (C) the eighth of
                                               the month
    ___(4) bá tiān   八天   (D) February
    ___(5) liǎng ge yuè   两个月   (E) thirty minutes
    ___(6) liǎng ge zhōngtóu 两个钟头   (F) two hours
    ___(7) bá hào   八号   (G) two o'clock
    ___(8) bàn diǎn zhōng   半点钟   (H) two months
    ___(9) bàn ge zhōngtóu   半个钟头   (I) last week

3. First correct any errors and write the correct sentence in Chinese characters. Then translate each sentence into English:

(1) Tā yào sān nián zài nàr zhù.
     他要三年在那儿住.

     ----

(2) Wǒ kàn shū chīfàn yǐqián.
     我看书吃饭以前.

     ----

(3) Wǒ tīng lùyīn měi tiān.
     我听录音每天.

     ----

(4) Nǐ jǐ nián niàn le Zhōngwén?
     你几年念了中文?

     ----

(5) Wǒ liǎng ge zhōngtóu kàn diànshì tiāntiān.
     我两个钟头看电视天天.

     ----

(6) Wǒ méi kànjiàn wǒ fùmǔ yì nián.
     我没看见我父母一年.

MODULE FIVE: THE MARKERS LE AND GUO

Unit I: Using le to Convey a Change of State or Transition Over Time

Exercises

1. To the left of each numbered Chinese sentence, enter the letter of the corresponding English sentence:

___ (1) Qìyóu piányi le.
  汽油便宜了.

___ (2) Tā shì dàxuésheng.
  他是大学生.

___ (3) Wǒ nǚer bá suì le.
  我女儿八岁了.

___ (4) Tā yì bǎi èrshi bàng.
  他一百二十磅.

___ (5) Qìyóu hěn piányi.
  汽油很便宜.

___ (6) Tā shì dàxuésheng le.
  他是大学生了.

___ (7) Wǒ nǚer bá suì.
  我女儿八岁.

___ (8) Tā xǐhuan chī Zhōngguo fàn.
  他喜欢吃中国饭.

___ (9) Tā yì bǎi èrshi bàng le.
  他一百二十磅了.

___ (10) Tā xǐhuan chī Zhōngguo fàn le.
  他喜欢吃中国饭了.

(A) He likes to eat Chinese food.

(B) My daughter is eight years old now.

(C) Gasoline is very cheap.

(D) He now likes to eat Chinese food.

(E) He is now a college student.

(F) He is a college student.

(G) My daughter is eight years old.

(H) He weighs 120 pounds.

(I) He now weighs 120 pounds.

(J) Gasoline is becoming cheaper now.

2.   First, translate each of the following sentences, and then
      revise the following sentences to indicate a change of state,
      either in Chinese characters or in pīnyīn with tone marks:

      (1)   Wǒ huì shuō Zhōngguo huà.
               我会说中国话.

               _____

               _____

      (2)   Tā yuànyi gēn wǒ jiéhūn.
               他愿意跟我结婚.

               _____

      (3)   Wǒ dǒng nǐ de yìsi.
               我懂你的意思.

               _____

      (4)   Tā yǒu qián.
               他有钱.

               _____

      (5)   Nǐ kěyi chūqù.
               你可以出去.

               _____

               _____

3.   First, compose a negative sentence in pīnyīn with tones, using
      bù...le 不...了 or méi(yǒu)...le 没(有)了 based on the given
      statements, and then translate your sentences into English.
      (If the negative statement can be expressed in more than one
      way, give both versions.)

      (1)   Wǒ de nán péngyou hē píjiǔ.
               我的男朋友喝啤酒.

               _____

               _____

(2) Wǒ yǒu nán péngyou.
我有男朋友.

----

(3) Tā xǐhuan dǎ qiú.
他喜欢打球.

----

(4) Nèi ge xuésheng yǐqián yònggōng.
那个学生以前用功.

---------------- / ----------------

---------------- / ----------------

(5) Tā cóngqián rènshi zhèi ge zì.
他从前认识这个字.

---------------- / ----------------

---------------- / ----------------

4. In the spaces provided, enter le了 to correctly translate
    the English sentence. If no le了 is required, place an 'X'
    instead:

(1)   Wǒmen mǎi bù qǐ qìchē ____.
         我们买不起汽车 ____.
         (We cannot afford to buy a car.)

(2)   Nǐ mǔqin hǎo _____ ma?
         你母亲好 ____ 吗?
         (Has your mother recovered?)

(3)   Zhāng jiàoshou bú zài Mìdà jiāoshū _____.
         张教授不在密大教书 ____.
         (Professor Zhang is no longer teaching at the
         University of Michigan.)

(4)   Wǒ bú jìde nǐ de míngzi _____.
         我不记得你的名字.
         (I can't remember your name at this moment.)

(5)　Wáng xiānsheng bú zài túshūguǎn _____.

王先生不在图书馆 _____.

(Mr. Wang is no longer at the library.)

(6)　Wǒ tīngdedǒng Yīngwén _____.

我听得懂英文____.

(I understand English now.)

(7)　Yǐjing shí diǎn _____!

已经十点 _____!

(It's already ten o'clock!)

(8)　Wǒ zhēn de chī bǎo _____.

我真的吃饱 _____.

(I am really full now.)

(9)　Wǒ kàn de jiàn hēibǎn shang de zì _____.

我看得见黑板上的字____.

(Now I can see the words on the blackboard.)

(10)　Nǐ shuō de tài kuài, wǒ tīngbudǒng _____.

你说得太快，我听不懂 _____.

(You speak too quickly; I can't understand you anymore.)

5.　Translate the following sentences using Chinese characters or pinyin with tone marks:

(1)　She is not our teacher any more.

　　------------------------------------

(2)　I can speak Chinese and write Chinese characters now.

　　--

(3)　I am no longer tired.

　　--

(4)　My parents have no money left.

　　--

(5)　We have all come to like him.

　　--

MODULE FIVE: THE MARKERS LE AND GUO

Unit II: Using le to Express Exaggeration or to Express Extreme Degree

Exercises

1. For each sentence below, first underline the word(s) that express the exaggeration or extreme degree, and then translate the sentence into English:

    (1)   Wǒ tài gāoxìng le.
           我太高兴了.

           _____

    (2)   Zhèi ge bànfa hǎo jí le.
           这个办法好极了.

           _____

    (3)   Wǒmen de fángzi tài xiǎo le.
           我们的房子太小了.

           _____

    (4)   Jīntiān tài rè le, kuài bǎ wǒ rè sǐ le.
           今天太热了，快把我热死了.

           _____

    (5)   Tā de jiǎngyǎn méi yìsi jí le.
           他的讲演没意思极了.

           _____

2. In the parentheses, place 'S' when le 了 indicates a change of state, or 'E' when le 了 indicates an exaggeration or extreme degree. Then translate the sentence into English:

    (1)   Wáng tàitai xiànzài yǒu qián le ( ).
           王太太现在有钱了（ ）.

           _____

(2)   Tā duì rén tài bú kèqi le （　）.
他对人太不客气了（　）.

----

(3)   Xiànzài dōngxi tài guì le （　）.
现在东西太贵了（　）.

----

(4)   Wǒmen mǎi bù qǐ le （　）.
我们买不起了（　）.

----

(5)   Wǒ tài lèi le （　）, zǒu bú dòng le （　）.
我太累了（　）, 走不动了（　）.

----

(6)   Wǒmen de fángzi tài xiǎo le （　）, zhù bú xià shí ge
rén le （　）.
我们的房子太小了（　）, 住不下十个人了（　）.

----

(7)   Wáng xiǎojie zhǎng dà le （　）. Tā piàoliang jí le （　）.
王小姐长大了（　）, 她漂亮极了（　）.

----

3.   Translate the following sentences into Chinese using characters
or <u>pīnyīn</u> with tone marks:

(1)   Today is so cold, I don't want to go out anymore.

----

(2)   Tuition fee (xuéfèi 学费) is so high, many people can
not afford to go to college anymore.

----

(3)   That student is too smart.

----

(4)   My home is too far away from school; I have to drive to
school everyday.

MODULE FIVE: THE MARKERS LE AND GUO

Unit III: The Pattern kuài/jiù (yào)...le

Exercises

1. In the Chinese sentences below, circle the time adverb, and
    then translate the sentences into English:

    (1)   Wǒmen míngtiān jiù yào kǎoshì le.
            我们明天就要考试了.

            ----

    (2)   Míngtiān jiù shì xīngqī liù le.
            明天就是星期六了.

            ----

    (3)   Wǒ de gōngkè kuài zuò wán le.
            我的功课快作完了.

            ----

    (4)   Mǎshang jiù yào shàng kè le.
            马上就要上课了.

            ----

    (5)   Kuài yào xià yǔ le.
            快要下雨了.

            ----

2. In the space provided, enter the letter of the correct English
    translation for each Chinese sentence below:

    ___   (1)   Shéi kuài yào lái le?
                    谁快要来了?
                    (A) Who is coming soon?
                    (B) Who is coming?

    ___   (2)   Wǒmen kuài yào chīfàn le.
                    我们快要吃饭了.
                    (A) We are about to eat.
                    (B) We want to eat fast.

___ (3) Tāmen jiù yào jiéhūn le ma?

他们就要结婚了吗?

(A) Are they going to get married soon?

(B) Are they finally getting married?

___ (4) Wǒ jīnnián jiù bìyè le.

我今年就毕业了.

(A) I am graduating this year.

(B) I finally graduated this year.

___ (5) Huǒchē kuài lái le.

火车快来了.

(A) The train is coming quickly.

(B) The train will be here soon.

3. For the following sentences, in the space provided, place a 'C' for change of state, an 'E' for exaggeration or extreme degree, or an 'I' for imminent action. Then translate the sentences into English:

___ (1) Wǒ dìdi jiù yào cóng Měiguo lái le.

我弟弟就要从美国来了.

___ (2) Nà ge bìngrén kuài sǐ le.

那个病人快死了.

___ (3) Zhèi cì de kǎoshì tài nán le.

这次的考试太难了.

___ (4) Tiānqi yuè lái yuè lěng le.

天气越来越冷了.

___ (5) Chà yí kè zhōng jiù bā diǎn le.

差一刻钟就八点了.

___ (6) Tā cōngmíng jí le, shénme shì yì xué jiù huì.

他聪明极了,什么事一学就会.

___   (7)   Fēijī jiù yào qǐ fēi le.
                 飞机就要起飞了.

___   (8)   Lǎoshi yì lái, xuésheng jiù dōu bù shuōhuà le.
                 老师一来，学生就都不说话了.

___   (9)   Tāmen jiā cóngqián hěn yǒu qián, xiànzài méi
                 qián le..
                 他们家从前很有钱，现在没钱了.

___   (10) Wǒ zhēn bù xiǎng niàn shū le.
                 我真不想念书了.

___   (11) Xiànzài jǐ diǎn zhōng le?
                 现在几点钟了.

___   (12) Wǒ zhèi jǐ tiān tài máng le, méi gōngfu qù
                 kàn nǐ.
                 我这几天太忙了，没工夫去看你.

___   (13) Xiǎo Wáng de nán péngyou duō jí le.
                 小王的男朋友多极了.

MODULE FIVE: THE MARKERS LE AND GUO

Unit IV: Single le with Quantified Objects

Exercises

1. Change the sentences below, wherever possible, to indicate
    completed action, adding le 了 in the appropriate place and
    crossing out references to the future. Then translate your
    sentence into English:

    (1)   Tā yào hē liǎng bēi kāfēi.

           他要喝两杯咖啡.

           ----

    (2)   Wǒ míngtiān xiǎng mǎi yí liàng qìchē.

           我明天想买一辆汽车.

           ----

    (3)   Tā děi jiāo sān ge zhōngtóu de shū.

           他得教三个钟头的书.

           ----

    (4)   Māma dǎsuàn zài Zhōngguo zhù liǎng ge yuè.

           妈妈打算在中国住两个月.

           ----

    (5)   Wǒ yǐhou yào xué yì nián Zhōngwén.

           我以后要学一年中文.

           ----

2. For each sentence below, in the space provided, enter 'A' for completed action or 'S' for change of state. Then translate the sentence into English:

___ (1) Tā jīntiān dǎ le hǎo jǐ ge diànhuà.
他今天打了好几个电话.

___ (2) Wǒ zuótiān chī le liǎng ge píngguǒ.
我昨天吃了两个苹果.

___ (3) Tā xiànzài cháng dǎ diànhuà gěi tā fùmǔ le.
他现在常打电话给他父母了.

___ (4) Wǒ xǐhuan chī píngguǒ le.
我喜欢吃苹果了.

___ (5) Nǐ qiántiān qǐng le jǐ ge kèren?
你前天请了几个客人?

----

3. Translate the following sentences into Chinese using characters or _pinyin_ with tone marks:

(1) Did you watch the ball game (qiúsài 球赛) last night?

----

(2) Have you eat dinner yet?

----

(3) I didn't translate these sentences.

----

(4) My teacher came but not his wife.

MODULE FIVE: THE MARKERS LE AND GUO

Unit V: Double le with Quantified Objects

Exercises

1. Choose the correct Chinese translation for each of the
    following English sentences by placing an 'A' or 'B' in the
    blank:

___(1) I've bought four books so far.
   (A)   Wǒ mǎi le sì běn shū.
         我买了四本书.
   (B)   Wǒ mǎi le sì běn shū le.
         我买了四本书了.

___(2) I listened to music for fifteen minutes.
   (A)   Wǒ tīng le shíwǔ fēn zhōng de yīnyuè le.
         我听了十五分钟的音乐了.
   (B)   Wǒ tīng le shíwǔ fēnzhōng de yīnyuè.
         我听了十五分钟的音乐.

___(3) How many bottles of wine have you drunk?
   (A)   Nǐ hē le jǐ píng jiǔ le?
         你喝了几瓶酒了?
   (B)   Nǐ hē le jǐ píng jiǔ?
         你喝了几瓶酒?

___(4) I lived in the United States for two months.
   (A)   Wǒ zài Měiguo zhù le liǎng ge yuè.
         我在美国住了两个月.
   (B)   Wǒ zài Měiguo zhù le liǎng ge yuè le.
         我在美国住了两个月了.

___(5) I've already waited half an hour for him.
   (A)   Wǒ yǐjing děng le tā bàn ge zhōngtóu le.
         我已经等了他半个钟头了.
   (B)   Wǒ yǐjing děng le tā bàn ge zhōngtóu.
         我已经等了他半个钟头.

2. Change the sentences below, to indicate completed action, adding two le 了 in the appropriate place and crossing out references to the future. Then translate your sentence into English:

(1)   Wǒ jīntiān xiě shí ge zì.

我今天写十个字.

----

(2)   Tā gēn wǒ jiè wǔ kuài qián.

他跟我借五块钱.

----

(3)   Mèimei xiǎng mǎi liǎng jiàn yīfu.

妹妹想买两件衣服.

----

(4)   Wǒ děi hē liǎng bēi niúnǎi.

我得喝两杯牛奶.

----

(5)   Wǒ gěi fùmǔ xiě sān fēng xìn.

我给父母写三封信.

----

(6)   zhāng lǎoshi yǐjing jiāo sān nián shū.

张老师已经教三年书.

MODULE FIVE: THE MARKERS LE GUO

Unit VI: Single le Versus Double le with Quantified Objects

Exercises

1. Change the Chinese sentences below using both pinyin and characters, adding le 了 wherever possible, to reflect the English sentences:

   (1) My brother bought a new car.

   Wǒ gēge mǎi yí liàng xīn qìchē.
   我哥哥买一辆新汽车.

   _____

   _____

   (2) You have already watched five hours of TV, right?

   Nǐ yǐjing kàn wǔ ge zhōngtóu diànshì, duì bu duì?
   你已经看五个钟头电视，对不对？

   _____

   _____

   (3) Mr. Zhang has already been married three times.

   Zhāng xiānsheng yǐjing jié sān cì hūn.
   张先生已经结三次婚.

   _____

   _____

   (4) I lived in New York for two months.

   Wǒ zài Niǔyuē zhù liǎng ge yuè.
   我在纽约住两个月.

   _____

   _____

(5)   How long have you been studying English?

Nǐ xué duō jiǔ Yīngwén?
你学多久英文?

----

2.   Translate the following sentences, using Chinese characters or
     pīnyīn with tone marks:

(1)   I've already taught Chinese for more than twenty years.

----

(2)   He has lived in China for two years.

----

(3)   I bought two books yesterday.

----

(4)   How long have you been studying?

----

(5)   He wrote a letter to his parents today.

----

3.   For each given sentence, change it first into a single le 了
     sentence and then into a double le 了 sentence in Chinese
     characters, based on the English words in the parentheses:

Example: Tā xiǎng hē yì bēi kāfēi.
             他想喝一杯咖啡.
             (drank)/(has drunk)
Responses: (1) 他喝了一杯咖啡.

             (2) 他喝了一杯咖啡了.

(1)   Tā yào mǎi sān jiàn yīshang.
        他要买三件衣裳.
        (bought)/(has bought)

        ----

(2)   Wǒ dǎsuan qǐng wǔ ge péngyou chīfàn.
        我打算请五个朋友吃饭.
        (invited)/(have already invited)

        ----

(3)   Wǒ jīntiān děi shàng sì táng kè.
        我今天得上四堂课.
        (attended)/(have already attended)

        ----

(4)   Wǒ mǔqin yào zài Měiguo zhù liǎng ge yuè.
        我母亲要在美国住两个月.
        (lived)/(has lived)

        ----

(5)   Wǒ xiǎng kàn yìhuǐr diànshì.
        我想看一会儿电视.
        (watched)/(have watched)

MODULE FIVE: THE MARKERS LE AND GUO

Unit VII: Single le and Double le with Unquantified Objects

Exercises

1. Using Chinese characters, rewrite each sentence below, first forming a sentence which maybe ambiguous as in example (A). Then forming a sentence indicate a completed action as in example (B):

   Example: Tā mǎi shū.   他买书.
                   'He buys books.'
   Responses: (A) 他买书了.

              (B) 他买了书了.

   (1)   Wǒmen shàng kè.   我们上课.

          (A)   _____

          (B)   _____
   (2)   Tā zuò gōngkè.   他作功课.

          (A)   _____

          (B)   _____
   (3)   Tā zuò zǎofàn.   他作早饭.

          (A)   _____

          (B)   _____
   (4)   Māma kàn bào.   妈妈看报.

          (A)   _____

          (B)   _____
   (5)   Bàba xǐ wǎn.   爸爸洗碗.

          (A)   _____

          (B)   _____

2.	Transform each of the following sentences into its opposite meaning:

(1)	Tā jiéhūn le.
他结婚了.

_____

_____

(2)	Tāmen qù lǚxíng le.
他们去旅行了.

_____

_____

(3)	Zhāng Jiàoshou dào Ōuzhōu qù le.
张教授到欧洲去了.

_____

_____

(4)	Mèimei chū qu le.
妹妹出去了.

_____

_____

(5)	Gēge dàxué bìyè le.
哥哥大学毕业了.

_____

_____

3.	First change the following sentences into completed action sentences, either in Chinese characters or in <u>pīnyīn</u> with tone marks. Then translate your sentences into English:

(1)	Tā xiǎng qù Zhōngguo.
他想去中国.

_____

_____

(2)   Wǒ dǎsuàn niàn Zhōngguo wénxué.
      我打算念中国文学.

      ----

(3)   Wǒ děi yùbei gōngkè.
      我得预备功课.

      ----

(3)   Wǒ yào chīfàn.
      我要吃饭.

      ----

(4)   Nǐ xiǎng qù nǎr?
      你想去哪儿?

      ----

4.   In the space provided, enter le 了 where needed to correctly
     translate the English sentence. If no le 了 is required, place
     an 'X' in the space provided:

(1)   He's thinking of going to China.

      Tā xiǎng ____ dào ____ Zhōngguo qù ____.

      他想 ___   到 ___   中国去 ___.

(2)   Last night we saw three movies.

      Wǒmen zuótiān wǎnshang kàn ___ sān ge diànyǐng ___.

      我们昨天晚上看 ___   三个电影 ___.

(3)   So far today I've already read four newspapers.

Wǒ jīntiān yǐjing kàn ____ sì fèn bàozhǐ ____.

我今天已经看 ____ 四份报纸 ____.

(4)   She has really gotten thin.

Tā zhēn shòu ____.

她真瘦 ____.

(5)   Big cities are too dirty.

Dà chéng tài zāng ____.

大城太脏 ____.

(6)   My father says it's going to rain soon.

Wǒ bàba shuō ____ kuài xià yǔ ____ .

我爸爸说 ____ 快下雨 ____.

4.   Using Chinese characters, write a passage, about your experience of visiting your friend recently:

MODULE FIVE: THE MARKERS LE AND GUO

Unit VIII: Verb-le (Object) with jiù Verb (Object)

Exercises

1. For each sentence below, enter le 了 in the blanks (otherwise place an 'X'), as required by the English:

   (1)   Kèren hē ___ chá ___ jiù zǒu ___.
            客人喝 ___ 茶 ___ 就走 ___.
            (The guests will leave upon drinking their tea.)

   (2)   Wǒ mǎi ___ cài ___ jiù zuòfàn ___.
            我买___ 菜___ 就做饭___.
            (After buying the groceries, I will cook the meal.)

   (3)   Dìdi zhōngxué bì___ yè ___ jiù yào niàn dàxué___.
            弟弟中学毕___ 业 ___ 就要念大学 ___.
            (Brother will go to college upon graduation.)

   (4)   Tāmen shàng ___ fēijī ___ jiù hē jiǔ ___ .
            他们上 ___ 飞机 ___ 就喝酒 ___.
            (They will have some wine upon boarding the plane.)

   (5)   Wǒmen kǎo shàng ___ dàxué jiù jiéhūn ___.
            我们考上 ___ 大学就结婚 ___.
            (We will get married upon being accepted into college.)

2. Fill in the blanks with yī 一 or jiù 就 or both depending on which is needed to translate the English sentence:

   (1)   When gas becomes expensive, people buy small cars.

            Qìyóu ___ guì, rén ___ mǎi xiǎo chē.
            汽油 ___ 贵, 人 ___ 买小车.

(2)   After they get married, they'll leave here.

Tāmen ____ jié le hūn, ____ yào líkāi zhèr.
他们 ____ 结了婚，____ 要离开这儿。

(3)   When the weekend comes, students go out for a good
time.

____ dào le zhōumò, xuésheng ____ yào chū qu wár.
____ 到了周末，学生 ____ 要出去玩儿。

(4)   Once I get home, I don't want to go out.

Wǒ ____ huí le jiā, ____ bù xiǎng chū qu le.
我 ____ 回了家，____ 不想出去了。

(5)   Once children grow up, they don't want their parents
to watch over them.

Háizi ____ zhǎng dà le, ____ bú yào fùmǔ guǎn tāmen
le.
孩子 ____ 长大了，____不要父母管他们了。

3.   Translate each of the following sentences into Chinese using
characters or pinyin with tone marks:

(1)   We'll return after we've eaten supper.

----

(2)   I'll do homework after I get home tonight.

----

(3)   I'll visit you after I arrive in China.

----

(4)   He is going to a movie after class.

----

(5)   I'll eat breakfast after I wash my face.

MODULE FIVE: THE MARKERS LE AND GUO

Unit IX: Verb-1e (Object) with jiù Verb (Object) 1e

Exercises

1. In the space provided, enter 1e 了 when needed to correctly
    translate the English sentences. If no 1e 了 is required, place
    an 'X' instead:

    (1)   After I eat lunch tomorrow, I'll go to school.

            Míngtiān wǒ chī ___ wǔfàn jiù dào ___ xuéxiào qu ___ .
            明天我吃 ___ 午饭就到 ___ 学校去 ___ ·

    (2)   After mother cooked, she went shopping.

            Māma zuò ___ fàn jiù mǎi ___ dōngxi qu ___ .
            妈妈做 ___ 饭就买 ___ 东西去 ___·

    (3)   After I drink some tea, I'll go to work.

            Wǒ hē ___ chá jiù qù ___ zuò shì ___ .
            我喝 ___ 茶就去 ___ 做事 ____·

    (4)   After I drank some tea, I went to work.

            Wǒ hē ___ chá jiù qù ___ zuò shì ___ .
            我喝 ___ 茶就去 ___ 做事 ___·

    (5)   After changing planes in Shanghai, they flew to
            Beijing.

            Tāmen zài Shànghǎi huàn ___ fēijī jiù fēi ___ dào
            ___ Běijīng qu ___ .

            他们在上海换 ___ 飞机就飞 ___   到 ___ 北京去 ___ ·

2. First, using either pīnyīn with tone marks or Chinese characters, change the following sentences into ones in which both actions have been completed. If necessary, delete auxiliary verbs that indicate future action. Then translate your sentence into English:

(1) Wǒ gēn tā chī le fàn jiù xiǎng kàn diànyǐng qu.
我跟他吃了饭就想看电影去.

----

(2) Wǒ dào le xuéxiào jiù yào yùbei gōngkè.
我到了学校就要预备功课.

----

(3) Bái xiānsheng lái le jiù yào zǒu ma?
白先生来了就要走吗?

----

(4) Wǒ shàng le chē jiù děi mǎi piào.
我上了车就得买票.

----

(5) Wǒ mǎi le máobǐ jiù yào xiě zì.
我买了毛笔就要写字.

----

3. First revise the word order for each sentences below either
   in Chinese characters or in pinyin with tone marks, and then
   translate the corrected Chinese sentence into English:

   (1)   Tā jiù zǒu le, wǒ yí huì lái le.
         他就走了，我一回来了．

         ----

   (2)   Tāmen jiù kāi chē dào Niǔyuē qù le, yǐ mǎi le chē.
         他们就开车到纽约去了，一买了车．

         ----

   (3)   Jiù dào túshūguǎn qu le, wǒ yí xià le kè zuótiān.
         就到图书馆去了，我一下了课昨天．

         ----

   (4)   Wǒ jiù yào jiéhūn, yì yǒu qián.
         我就要结婚，一有钱．

         ----

   (5)   Zuò shénme le nǐ huí jiā jīntiān xiàwǔ?
         做什么了你回家今天下午？

Unit X: Verb-guo

Exercises

1. First, using Chinese characters, change each of the following sentences to its negative by inserting the expression cónglái méiyǒu 从来没有 in the proper place, and then translate your sentence into English:

(1)   Tā jié guo hùn.
       他结过婚.

       ----

(2)   Wǒ xué guo Zhōngwén.
       我学过中文.

       ----

(3)   Zhōngguo gēn Měiguo dǎ guo zhàng.
       中国跟美国打过仗.

       ----

(4)   Nèi wèi lǎoshi jiāo guo wǒ.
       那位老师教过我.

       ----

(5) Tā gěi tā de nǚ péngyou xiě guo xìn.
他给他的女朋友写过信.

----

2. Using the cues in the parentheses, write answers to the
    following questions in Chinese characters or in pīnyīn with
    tone marks, and then translate the answer into English:

(1) Nǐ yǒu meiyǒu kāi guo fēijī?   (no)
     你有没有开过飞机?

----

(2) Nǐ kàn guo Zhōngguo diànyǐng ma?   (yes)
     你看过中国电影吗?

----

(3) Nǐ dǎ guo rén ma?   (no)
     你打过人吗?

----

(4) Nèi jiàn shì, nǐ gàosu guo tā méiyou?   (yes)
     那件事，你告诉过他没有?

----

(5) Tā qǐng nǐ chī guo jǐ cì fàn?   (three times)
     他请你吃过几次饭?

MODULE FIVE: THE MARKERS <u>LE</u> AND <u>GUO</u>

Unit XI: Verb-<u>guo</u> (object) <u>le</u> Emphasizing the Completion of a
Specific Action

Exercises

1.   Using the cues in parentheses, answer the following questions
in Chinese characters or in <u>pīnyīn</u> with tone marks, and then
translate the answer into English:

(1)   Nǐ jīntiān jiàn guo tā le ma?   (not yet)
       你今天见过他了吗？

       ----

(2)   Nǐ kàn guo dàifu le ma?   (yes, I did)
       你看过大夫了吗？

       ----

(3)   Nèi ge diànyǐng, nǐ kàn guo le méiyou? (not yet)
       那个电影，你看过了没有？

       ----

(4)   Zhèi ge zì, nǐmen xué guo le méiyou?   (yes)
       这个字，你们学过了没有？

       ----

(4)   Nèi jiàn shì, nǐ gēn tā shuō guo le ma? (not yet)
       那件事，你跟他说过了吗？

5-11-1

(5)   Zhèi ge jùzi, nǐ xiě guo jǐ cì le?   (many times)
       这个句子，你写过几次了？

       ----

2.   Using Chinese characters or pīnyīn with tone marks, translate
      the following questions and statements:

      (1)   Have you ever traveled by plane before?

             ----

      (2)   I have never studied Japanese before.

             ----

      (3)   Haven't I ever told this?

             ----

      (4)   My mother has been to France three times.

             ----

      (5)   Have you ever seen the painting he's done?

             ----

      (6)   Have you ever eaten Chinese food in American?

             ----

      (7)   She has been married four times.

MODULE FIVE: THE MARKERS <u>LE</u> AND <u>GUO</u>

Unit XII: The Marker <u>guo</u> Versus the Completed Action <u>le</u>

Exercises

1.   Fill in the blanks, using either <u>guo</u> 过, <u>le</u>了 or <u>guo le</u> 过了, depending on which is required by the English:

  (1) Lǐ xiǎojie gēn tā fùmǔ dào Zhōngguo qu ___.
     李小姐跟他父母到中国去 ___ .
     (Miss Li went to China with her parents.)

  (2) Lǐ xiǎojie cónglái méi qù ___ Zhōngguo, kěshi tā fùmǔ
     cóngqián zài Zhōngguo zhù ___ hěn duō nián.
     李小姐从来没去 ___ 中国，可是他父母从前在中国住 ___
     很多年.
     (Miss Li has never been to China, but her parents have
     formerly lived in China for several years.)

  (3) Tāmen dào le Zhōngguo jiù qù kàn jǐ ge péngyou ___ .
     他们到了中国就去看几个朋友 ___ .
     (They went to see several friends upon their arrival
     in China.)

  (4) Nèi xiē rén cóngqián dōu méi jiàn ___ Lǐ xiǎojie.
     那些人从前都没见 ___ 李小姐.
     (None of those people have ever met Miss Li.)

  (5) Tā fùmǔ gěi tāmen jièshao ___ yǐhou, tāmen jiù shì hǎo
     péngyou ___ .
     她父母给他们介绍 ___ 以后，他们就是好朋友 ___.
     (They became good friends after they were introduced
     by his parents.)

  (6) Nǐ chī ____ Èguo fàn méiyou?
     你吃 ____ 俄国饭没有？
     (Have you tried Russian food before?)

  (7) Méiyǒu. Wǒ cónglái méi chī ____ . Nǐ ne?
     没有. 我从来没吃 ____ . 你呢？
     (No, I have never tried it. Have you?)

2. In the space provided, enter the letter of the correct sentence for each of the sentences below:

___(1) Měiyīng qù guo Zhōngguo.
美英去过中国.

    (A)   Měiyīng xiànzài zài Zhōngguo.
             美英现在在中国.
    (B)   Měiyīng xiànzài bú zài Zhōngguo le.
             美英现在不在中国了.

___(2) Zhāng lǎoshi jiāo le liǎng nián lìshǐ le.
张老师教了两年历史了.

    (A)   Zhāng lǎoshi xiànzài hái zài jiāo lìshǐ.
             张老师现在还在教历史.
    (B)   Zhāng lǎoshi xiànzài méi yǒu jiāo lìshǐ le.
             张老师现在没有教历史了.

___(3) Wǒ lái Zhōngguo yǐhou, jiù bìng guo yí cì.
我来中国以后, 就病过一次.

    (A)   Wǒ xiànzài hái bìng zhe ne.
             我现在还病着呢.
    (B)   Wǒ de bìng yǐjing hǎo le.
             我的病已经好了.

___(4) Wǒ cónglái méi gēn tā shuō guo zhèi jiàn shì.
我从来没跟他说过这件事.

    (A)   Wǒ cóngqián gēn tā shuō guo zhèi jiàn shì.
             我从前跟他说过这件事.
    (B)   Wǒ cóngqián méi gēn tā shuō guo zhèi jiàn shi.
             我从前没跟他说过这件事.

MODULE SIX: ZHE, ZÀI AND NE

Unit I: Zhe zài and ne as Durative Markers

Exercises

1.   For each of the following sentences, fill in the blank with the marker zhe 着, zài 在 or ne 呢, as required by the English:

(1)   Zhèi ge háizi ___ gōngyuán lǐ zuò ___ . Tā de dōngxi

___ yǐzi shàng fàng ___.

这个孩子 ___ 公园里坐 ___. 他的东西 ___ 椅子上放 ___.
(This child is sitting in the park. His things are
lying on the bench.)

(2)   Zhèi sān ge rén dōu dài ____ hěn qíguài de yǎnjìngr.

这三个人都戴 ____ 很奇怪的眼镜儿.
(These three people are all wearing strange glasses.)

(3)   Zuǒ biān de rén gēn yòu biān de rén shuō ____ huà ____.

左边的人跟右边的人说 ____ 话 ____.
(The person on the left is speaking to the one on the
right.)

(4)   Zhuōzi shàng fàng ____ yì píng huā.

桌子上放 ____ 一瓶花.
(There is a vase of flowers on the table.)

(5)   Nèi ge háizi ____ pǎobù.

那个孩子____ 跑步.
(That child is running.)

(6)   Māma ____ zuò fàn de shíhou, bàba ____ zuò shénme ne?

妈妈 ____ 做饭的时候，爸爸 ____ 做什么呢？
(While Mom is cooking, what is Dad doing?)

(7)   Zhèi ge rén ____ xiě Zhōngguo zì.

这个人 ____ 写中国字.
(This person is writing Chinese characters.)

(8)   Zhèi ge xiǎo háizi qí ____ yí ge dà mótuó chē.

这个小孩子骑 ____ 一个大摩托车.
(This child is riding a big motorcycle.)

(8)   Zhèi zhī hóuzi shǒuli ná ____ yí ge táozi. Nèi zhī

       xiǎo gǒu zuǐ lǐ xián ____ yí ge píbāo.

这只猴子手里拿 ____ 一个桃子. 那只小狗嘴里衔 ____
一个皮包.
(This monkey is holding a peach in its hand. The little
dog is holding a purse in its mouth.)

(9)   Yǒu de rén zuò _____ mǎchē qù wán, yǒu de rén zuò

       ____ qìchē qù wán. Zài mǎchē shàng zuò ____ de rén,

       yǒu de ____ zhào xiàng, yǒu de ____ shuōhuà.

有的人坐 ___ 马车去玩, 有的人坐 ___ 汽车去玩. 在马车

上坐 ____ 的人, 有的 ____ 照像, 有的 ____ 说话.
(Some people are riding in a carriage on an outing and
some are riding in a bus. Of those riding in the
carriage, some are taking pictures, and some are
talking.)

6-1-3

2.	In the space provided, enter the letter corresponding to the correct Chinese translation for each of the following sentences:

___(1)	All his money is deposited in the bank.

    (A)	Tā zài yínháng cún qián ne.
        他在银行存钱呢.
    (B)	Tā de qián dōu zài yínháng cún zhe ne.
        他的钱都在银行存着呢.

___(2)	He is parking the car.

    (A)	Tā zài tíng chē.
        他在停车.
    (B)	Tā tíng zhe chē ne.
        他停着车呢.

___(3)	All the books are on the bookshelf.

    (A)	Shū dōu zài shūjià shàng zhàn zhe.
        书都在书架上站着.
    (B)	Shū dōu zài shūjià shàng fàng zhe ne.
        书都在书架上放着呢.
    (C)	Shū dōu fàng zài shūjià shàng.
        书都放在书架上.

___(4)	That person is putting on his coat.

    (A)	Nèi ge rén chuān zhe dàyī.
        那个人穿着大衣.
    (B)	Nèi ge rén zài chuān dàyī.
        那个人在穿大衣.
    (C)	Nèi ge rén chuān zhe dàyī ne.
        那个人穿着大衣呢.

___(5)	There are a lot of characters written on this piece of paper.

    (A)	Zhèi zhāng zhǐ shàng xiě zhe hěn duō zì.
        这张纸上写着很多字.
    (B)	Hěn duō zì zài zhèi zhāng zhǐ shàng xiě zhe.
        很多字在这张纸上写着.

___(6) Where did you park your car?

       (A)   Nǐ de chē tíng zài nǎr le?
               你的车停在哪儿了？
       (B)   Nǐ zài nǎr tíng chē le?
               你在哪儿停车了？
       (C)   Nǐ de chē zài nǎr tíng ne?
               你的车在哪儿停呢？

___(7) Who is hanging the painting?

       (A)   Shéi zài guà huàr?
               谁在挂画儿？
       (B)   Shéi guà zhe huàr?
               谁挂着画儿？
       (C)   Shéi guà zhe huàr ne?
               谁挂着画儿呢？

___(8) That lady is wearing a very pretty hat.

       (A)   Nèi ge xiǎojie zài dài yí ge hěn piàoliang de
               màozi.
               那个小姐在戴一个很漂亮的帽子.
       (B)   Nèi ge xiǎojie dài zhe yí ge hěn piàoliang de
               màozi.
               那个小姐戴着一个很漂亮的帽子.

3. For each of the following sentences, fill in the blank with
the marker zài 在, zhe 着 or ne 呢, as required to describe
the accompanying graphic:

(1) Zhèi xiē rén ____ fànguǎn lǐ zuò ____ chī fàn ____.

这些人 ____ 饭馆里坐 ____ 吃饭 ____.

(2)   Zhèi zhāng huà shang yǒu wǔ ge rén. Jǐ ge rén zuò ____?
Jǐ ge rén zhàn ____? Jǐ ge rén guì ____?

这张画上有五个人．几个人坐 ____? 几个人站 ____?
几个人跪 ____?

(3)   Zhèi zhāng huà shang yǒu liǎng ge rén, yě yǒu hěn duō
huā. Māma ____ dì shang zuò ____, háizi ____ dì shang
dūn ____. Māma shǒu lǐ ná ____ yì duǒ huā. Qiáng shang
guà ____ liǎng pén huā, zhuōzi shang fàng ____ liǎng
pén huā, dì shang yě zhòng ____ hěn duō huā.

这张画上有两个人，也有很多花．妈妈 ___ 地上坐 ___，孩
子 ___ 地上蹲 ___．妈妈手里拿 ___ 一朵花．墙上挂 ___
两盆花，桌子上放 ___ 两盆花，地上也种 ___ 很多花．

4.   Write a passage describing the following picture either in
Chinese characters or in <u>pinyin</u> with tone marks:

_____

_____

_____

_____

MODULE SIX: <u>ZHE</u>, <u>ZÀI</u>, AND <u>NE</u>

Unit II: <u>zhe</u> as an Adverbial Marker

Exercises

1. In the space provided, enter 'A' for Action <u>zhe</u> Pattern or 'S' Static <u>zhe</u> pattern, and then translate the sentences into English:

___(1) Xuésheng hěn xǐhuan hē zhe píjiǔ tánhuà.
        学生很喜欢喝着啤酒谈话.

___(2) Māma chuān zhe gāogēn xié tiàowǔ.
        妈妈穿着高跟鞋跳舞.

___(3) Tā zěnme zhāng zhe zuǐ shuìjiào?
        他怎么张着嘴睡觉?

___(4) Bié guāng zhe jiǎo zǒulù.
        别光着脚走路.

___(5) Zhào lǎoshi xǐhuan zuò zhe jiāoshū.
        赵老师喜欢坐着教书.

2.	In the space provided, indicate by 'yes' or 'no' whether the sentences can be rewritten in a yìbiān...yìbiān 一边 ...一边 pattern; then translate the sentence into English:

___(1)	Mèimei kěyi tán zhe qín chàng gē.
妹妹可以弹着琴唱歌.

	--

___(2)	Wǒ chángcháng tǎng zhe kàn shū.
我常常躺着看书

	--

___(3)	Māma bù xǐhuan bàba chī zhe fàn kàn bào.
妈妈不喜欢爸爸吃着饭看报.

	--

___(4)	Wáng tàitai chuān zhe yí jiàn xīn yīfu chūqu le.
王太太穿着一件新衣服出去了.

	--

___(5)	Nǐ néng bì zhe yǎnjing zǒulù ma?
你能闭着眼睛走路吗？

	--

___(6)	Kàn zhe dìtú kāi chē tài wēixiǎn.
看着地图开车太危险.

	--

___(7)	Māma bù xǔ wǒmen zǒu zhe lù chī dōngxi.
妈妈不许我们走着路吃东西.

	--

3.   First, using Chinese characters, change each of the following
     zhe 着 sentences into yìbiān... yìbiān 一边 ... 一边
     sentences. Then translate your sentence into English:

(1)   Tā chī zhe dōngxi dǎ diànhuà.
         他吃着东西打电话.

         _____

         _____

(2)   Māma kàn zhe diànshì zuò fàn.
         妈妈看着电视做饭.

         _____

         _____

(3)   Nèi ge háizi chàng zhe gē xǐ zǎo.
         那个孩子唱着歌洗澡.

         _____

         _____

(4)   Tā cháng tīng zhe shōuyīnjī zuò gōngkè.
         他常听着收音机作功课.

         _____

         _____

(5)   Gēn péngyou hē zhe jiǔ tán huà hěn yǒu yìsi.
         跟朋友喝着酒谈话很有意思.

         _____

         _____

MODULE SIX: <u>ZHE</u>, <u>ZÀI</u> AND <u>NE</u>

Unit III: <u>zhe</u> in Imperative Sentences

Exercises

1. Enter the letter of the English counterpart in the space provided before each Chinese sentence:

    ___ (1) Tīng!   听!   (A) Hold on!
    ___ (2) Zuò!   坐!   (B) Sit!/Stay sitting!
    ___ (3) Dài màozi!   戴帽子!   (C) Keep your hat on!
    ___ (4) Tīng zhe!   听着!   (D) Sit down!
    ___ (5) Ná!   拿!   (E) Don't forget!
    ___ (6) Chuān dàyī!   穿大衣!   (F) Take it!
    ___ (7) Zuò zhe!   坐着!   (G) Put on your overcoat!
    ___ (8) Dài zhe màozi!   戴着帽子!   (H) Keep your overcoat on!
    ___ (9) Chuān zhe dàyī!   穿着大衣!   (I) Listen! (What is that
                                                   noise?)
    ___(10) Ná zhe!   拿着!   (J) Put on your hat!
                                              (K) Listen! (Pay attention,
                                                   don't let your mind
                                                   wander.)

2. Before each of the following English sentences, enter the letter of the correct Chinese translation:

    ___   (1)   Continue to eat!
                      (A)   Chī!   吃!
                      (B)   Jìxù chi!   继续吃!
    ___   (2)   Go on! (Continue to tell your story.)
                      (A)   Jiē zhe shuō!   接着说!
                      (B)   Shuō!   说!
                      (C)   Zài shuō!   再说!
    ___   (3)   Read aloud!
                      (A)   Dà shēng niàn zhe! 大声念着!
                      (B)   Dà shēng niàn!   大声念!
                      (C)   Niàn dà shēng!   念大声!
    ___   (4)   Think it over!
                      (A)   Xiǎng zhe!   想着!
                      (B)   Zài xiǎng xiang!   再想想!
                      (C)   Jiē zhe xiǎng!   接着想!

MODULE SIX: ZHE, ZÀI, AND NE

Unit IV: The Funtions of zài

Exercises

1. For each of the following sentences, first indicate whether zài 在 functions as a verb (V), a coverb (CV), a post verb (PV) or a durtive marker (D), and then translate the sentence into English:

___ (1) Māma zài zuò yú.
妈妈在做鱼.

_____

___ (2) Tā bǎ yì zhī niǎo fàng zài jiānbǎng shàng.
她把一只鸟放在肩膀上.

_____

___ (3) Bàba zài kàn bào.
爸爸在看报.

_____

___ (4) Zhèi sān ge háizi dōu méiyou zuò zài yǐzi shàng.
这三个孩子都没有坐在椅子上.

_____

___ (5) Huā zài nǎr?
花在那儿？

___ (6) Māma zài nàr zuò shénme?
妈妈在那儿做什么？

___ (7) Mèimei zuò zài māma pángbiān.
妹妹坐在妈妈旁边。

___ (8) Tāmen zài nàr chīfàn ne.
他们在那儿吃饭呢。

___ (9) Zhèi liǎng ge rén zài wò shǒu.
这两个人在握手。

___(10) Píbāo zài gǒu de zuǐ li.
皮包在狗的嘴里。

----

2. In the space provided, indicate whether <u>zài</u> 在 is optional (OP) or necessary (N); then translate the sentence into English:

___ (1) Zài Zhōngguo yǒu hěn duō rén.
          在中国有很多人.

___ (2) Wǒ xiànzài zhù zài Měiguo.
          我现在住在美国.

___ (3) Qǐng nǐ bǎ zhèi běn shū fàng zài zhuōzi shàng.
          请你把这本书放在桌子上.

___ (4) Zài qiáng shang xiě zì bù hǎo.
          在墙上写字不好.

___ (5) Nǐ zuì hǎo zài zhǐ shang xiě zì.
          你最好在纸上写字.

___ (6) Zài nǐmen jǐ ge rén zhī zhōng shéi zuì gāo?
          在你们几个人之中谁最高?

___ (7) Zài wǒmen chīfàn de shíhou, tā lái le.
          在我们吃饭的时候, 他来了.

___ (8) Zài wǒ jiā kètīng de qiáng shang guà zhe hěn duō huàr.
          在我家客厅的墙上挂着很多画儿.

___ (9) Zài zhèi cì de tǎolùn zhōng, dàjiā jiāohuàn (exchange)
le hěn duō yìjiàn.
在这次的讨论中，大家交换了很多意见.

___(10) Zài Wáng lǎoshi de jiàodǎo xià, wǒmen yǒu hěn dà de
jìnbù.
在王老师的教导下，我们有很大的进步.

___(11) Wǒ bù xǐhuan zài fànguǎn chīfàn.
我不喜欢在饭馆吃饭.

___(12) Yǐjing xià kè le, nǐ hái zài zhèr gàn shénme?
已经下课了，你还在这儿干什么?

___(13) Nǐ bù kěyi zài túshūguǎn lǐ dà shēng shuōhuà.
你不可以在图书馆里大声说话.

___(14) Zài tāmen jiéhūn de shíhou, wǒmen dōu hěn gāoxìng.
在他们结婚的时候，我们都很高兴.

___(15) Zài tā lái yǐhou, wǒmen cái kěyi chīfàn.
在他来以后，我们才可以吃饭.

----

3.   Write a passage for each of the graphics below, either in
     Chinese characters or in pīnyīn with tone marks, to correspond
     with the English:

     (1)   There are two people in this picture. One is
              sitting there painting and the other is standing
              beside him watching him paint.

     _____

     _____

     _____

     _____

     (2)   There are two people in this picture. One is rowing
              a boat; the other is riding on a horse. That horse
              is standing in the boat and cannot move. Why does
              that person still need to beat the horse to make
              it go faster?

     _____

     _____

     _____

     _____

MODULE SIX: ZHE, ZÀI, AND NE

Unit V: The Functions of ne

Exercises

1   First translate each of the following questions into English, and then answer the question in Chinese characters:

(1)   Wǒ hěn xǐhuan chī Zhōngguo fàn, nǐ ne?
       我很喜欢吃中国饭，你呢？

       ----

(2)   Dàjiā dōu yào chūqu wár, tā ne?
       大家都要出去玩儿，他呢？

       ----

(3)   Tā bú huì dǎ qiú, nǐ bàba ne?
       他不会打球，你爸爸呢？

       ----

(4)   Wǒmen dōu xiǎng qù kàn diànyǐngr, nǐ ne ?
       我们都想去看电影儿，你呢 ？

       ----

(5)   Tā yǐwei nèi ge rén hěn piàoling, nǐ ne?
       他以为那个人很漂亮，你呢？

       ----

2. For each of the following questions, first fill in the appropriate blank with either ne 呢 or ma 吗, depending on which is needed, and then translate the question into English:

(1)   Nǐ cháng zài túshūguǎn kàn shū ____ ?
        你常在图书馆看书____ ?

        ----

(2)   Nǐ wèishénme dǎ tā ____?
        你为什么打他 ____?

        ----

(3)   Zhāng xiáojie shì nǐ de nǚ péngyou ____ ?
        张小姐是你的女朋友 ____ ?

        ----

(4)   Nǐ shì míngtiān zǒu ____, háishi hòutiān zǒu ____?
        你是明天走 ____, 还是后天走 ____?

        ----

(5)   Nǐ chángcháng gěi tā qián ____ ?
        你常常给他钱 ____ ?

        ----

3. Complete each of the following sentences for speaker B with ne 呢, hái bù...ne 还不... 呢, cái bù ... ne 才不 ... 呢 or hái méi ... ne 还没... 呢, depending on the given English translation:

(1) Speaker A: Jīntiān zhēn rè.
                今天真热.
                (Today is really hot.)

     Speaker B: Jīntiān _____

                今天 _____
                (It isn't (too) hot today.)

(2) Speaker A: Nǐ yǐjing jiéhūn le ba?
                你已经结婚了吧?
                (You are already married, right?)

Speaker B: Wǒ _____

我 _____
(I haven't married yet.)

(3) Speaker A: Jīntiān de gōngkè nǐ dōu zuò wán le ba?
今天的功课你都做完了吧?
(You've finished all of today's homework, right?)

Speaker B: Wǒ _____

我 _____
(I haven't finished it yet.)

(4) Speaker A: Tīng shuō Zhōngwén hěn nán xué.
听说中文很难学.
(I've heard that Chinese is hard to learn.)

Speaker B: Zhōngwén_____

中文_____
(Chinese really isn't that hard to learn.)

(5) Speaker A: Huǒchē yǐjing zǒu le ma?
火车已经走了吗?
(Has the train left already?)

Speaker B: Huǒchē _____

火车 _____
(It hasn't left yet.)

4. For each of the following sentences, first fill in the appropriate blank with hái bù...ne 还不... 呢, hái méi...ne 还没... 呢, hái zài... ne 还在... 呢, cái bù...ne 才不... 呢, or zhèngzài...ne 正在... 呢, and then translate the sentence into English:

(1) Speaker A: Nǐ mèimei shàng dàxué le ____?
你妹妹上大学了____?

_____

6-5-3

Speaker B: Méi yǒu. Tā _____ niàn zhōngxué _____.

没有．她 _____ 念中学 _____．

Speaker A: Wǒ yǐwei tā yǐjing niàn dàxué le _____.

我以为他已经念大学了_____．

Speaker B: Tā _____ shíwǔ suì, _____ bù néng niàn dàxué

_____.

她 _____十五岁，_____ 不能念大学 _____．

----

(2) Speaker A: Nǐ zěnme méi lái tīng yīnyuè huì _____?

你怎么没来听音乐会____？

Speaker B: Wǒ zhèi jǐ tiān shízài tài máng le.

我这几天实在太忙了．

Speaker A: Wèishénme _____?

为什么 _____？

Speaker B: Wǒ _____ xiě lùnwén _____.

我 _____ 写论文 _____．

6-5-4

(3) Speaker A: Wǒ xìng Mǎ, nín _____?

我姓马，您 _____？

Speaker B: Wǒ yě xìng Mǎ. Nín tàitai xìng shénme _____?

我也姓马．您太太姓什么 _____？

Speaker A: Wǒ _____ jiéhūn _____.

我 _____ 结婚 _____．

----

(4) Speaker A: Nǐ gēn Wáng xiānsheng shuō le nèi jiàn shì
_____?

你跟王先生说了那件事 _____ ？

Speaker B: ____ ____ ____ ____ ____ shuō ____.

____ ____ ____ ____ ____ 说 ____．

Speaker A: Zhème yàojǐn de shì, wèishénme ____ ____ shuō
____?

这么要紧的事，为什么 ____ ____ 说 ____？

Speaker B: Yīnwei wǒ qù de shíhou, tā ____ ____ kāihuì
____.

因为我去的时候，他 ____ ____ 开会 ____.

----

(5) Speaker A: Nǐ shénme shíhou dǎsuàn gēn tā jiéhūn ____?

你什么时候打算跟他结婚 ____?

Speaker B: Wǒ ____ ____ yào gēn tā jiéhūn ____.

我 ____ ____ 要跟他结婚 ____.

Speaker A: Nà nǐ yào gēn shéi jiéhūn ____?

那你要跟谁结婚 ____ ?

Speaker B: Wǒ ____ méi zhǎo dào wǒ xǐhuan de rén ____.

我 ____ 没找到我喜欢的人 ____.

----

(6) Speaker A: Nǐ zěnme ___ ___ qǐlái ___?

你怎么 ___ ___ 起来 ___?

Speaker B: Tiān ___ ___ liàng ___, hái zǎo ___.

天 ___ ___ 亮 ___，还早___.

MODULE SEVEN: ADVERBS

Unit I: Movable Time Adverbs

Exercises

1. First circle the movable time adverb(s) in each of the
    following sentences (pīnyīn and characters), and then
    translate the sentence into English:

    (1)   Wǒ yǐqian bù xǐhuan chī Rìběn fàn, xiànzài wǒ xǐhuan
           le.
           我以前不喜欢吃日本饭，现在我喜欢了．

           ----

    (2)   Tā jiānglái yào zuò shénme?
           他将来要作甚么？

           ----

    (3)   Gāngcái tā hái zài zhèr, zěnme xiànzài bú zài le?
           刚才他还在这儿，怎么现在不在了？

           ----

    (4)   Guòqù wǒmen zhù zài Běijīng.
           过去我们住在北京．

           ----

    (5)   Wǒ de nán péngyou jìnlái hěn máng.
           我的男朋友近来很忙．

           ----

2. For each incorrect sentence given, provide two corrected
    versions in Chinese characters:

    (1)   Tā jiāo shū cóngqián.
           他教书从前．

           (A)   -------------------------------------

           (B)   -------------------------------------

(2)   Wǒ zài Zhōngguo zuò mǎimai guòqù.
        我在中国做买卖过去.

        (A)   _____

        (B)   _____

(3)   Nǐ yào zài nǎr zuòshì jiānglái?
        你要在哪儿作事将来?

        (A)   _____

        (B)   _____

(4)   Wǒ bù xiǎng dào wàiguo qù lǚxíng zuìjìn.
        我不想到外国去旅行最近.

        (A)   _____

        (B)   _____

(5)   Wǒ mǔqin zuòshì zànshí zài gōngchǎng.
        我母亲作事暂时在工厂.

        (A)   _____

        (B)   _____

3.   Using each of the items below, make a sentence in Chinese
        characters:

        (1)   从前: _____

        (2)   将来: _____

        (3)   近来: _____

        (4)   现在: _____

        (5)   刚才: _____

MODULE SEVEN: ADVERBS

Unit II: Nonmovable Time adverbs

Exercises

1.   For each sentence below, first mark above the movable time
      adverb(s) with 'M' and the nonmovable time adverb(s) with 'N,'
      and then translate the sentence into English:

      (1)   Tā jiào nǐ xiànzài gǎnjǐn dào tā jiā qù.

            他叫你现在赶紧到他家去.

            _____

      (2)   Liǎng nián yǐqián, tā céngjīng niàn guò sān ge yuè de
            Zhōngwén.

            两年以前，他曾经念过三个月的中文.

            _____

      (3)   Zuótiān wǒ gěi tā dǎ diànhuà de shíhou, tā zhèngzài
            kàn diànshì.

            昨天我给他打电话的时候，他正在看电视.

            _____

      (4)   Qián jǐtiān tā zàisāndi jiào wǒ bié hē jiǔ le.

            前几天他再三地叫我别喝酒了.

            _____

      (5)   Zuìjìn tā wǎngwǎng wàng le shàng kè.

            最近他往往忘了上课.

            _____

2.   For each given sentence, first circle the nonmovable time adverb(s), and then translate the sentence into English:

(1)   Nèi ge xuésheng yǐjing xué le sān nián Zhōngwén le.
      那个学生已经学了三年中文了.

      ----

(2)   Tā zǎo jiù qù guo Měiguo.
      他早就去过美国.

      ----

(3)   Qǐng nǐ lìkè dào wǒ zhèr lái.
      请你立刻到我这儿来 .

      ----

(4)   Nǐ yí jiào wǒ, wǒ mǎshàng lái le.
      你一叫我，我马上来了.

      ----

(5)   Wǒ yǒngyuǎn wàng bù liǎo tā.
      我永远忘不了他.

      ----

3.   Correctly rearrange each incorrect sentence given below. Provide two correct versions for numbers (1), (2) and (5):

(1)   Tā hē jiǔ píngcháng měitiān wǎnshang.
      他喝酒平常每天晚上.
      (He usually drinks every night.)

      A -------------------------------------

      B -------------------------------------

(2)   Wǒ néng mǎi yí ge qìchē míngnián.
       我能买一个汽车明年.
       (I can buy a car next year.)

       A _____

       B _____

(3)   Nǐ děi líkái zhèr lìkè!
       你得离开这儿立刻!
       (You must leave here immediately.)

       _____

(4)   Wǒ gēn tā shuō zhèi jiàn shì zàisān.
       我跟他说这件事再三.
       (I spoke to her repeatedly about this matter.)

       _____

(5)   Kèren chīfàn zhèngzài xiànzài.
       客人吃饭正在现在.
       (The guests have just now started eating.)

       A _____

       B _____

4.   Write a story in Chinese characters, including the items
      given below.

      zhèngzài   正在   lìkè   立刻   yǒngyuǎn   永远
      cóngqián   从前   guòqù   过去   jiānglái   将来
      zànshí   暂时   zuìjìn   最近   céngjīng   曾经

      _____

      _____

MODULE SEVEN: ADVERBS

Unit III: Movable Attitude Adverbs

Exercises

1. For each sentence, first circle the movable attitude adverb(s),
    and then translate the sentence into English:

    (1)   Tā tiān tiān bù lái shàng kè, xiǎnrán tā bú shì yí
          ge hǎo xuésheng.
          他天天不来上课，显然他不是一个好学生．

          ----

    (2)   Tā gēnběn bú huì shuō Zhōngguo huà.
          他根本不会说中国话．

          ----

    (3)   Chà yìdiǎr tā jiù bèi chē yà sǐ le.
          差一点儿他就被车压死了．

          ----

    (4)   Wǒ tīng shuō tāmen yào líhūn, xiànzài guǒrán líhūn le.
          我听说他们要离婚，现在果然离婚了．

          ----

    (5)   Xìngkuī wǒ méi zuò nèi jiā fēijī qù, yàoburán wǒ yě sǐ
          le.
          幸亏我没坐那架飞机去，要不然我也死了．

          ----

    (6)   Tā dàgài yào chū guó le.
          他大概要出国了．

          ----

2. Fill in the blanks with the adverb corresponding to the English sentence in parentheses:

(1) Cóng zhèr dào nàr _____/_____ yǒu liǎng qiān lǐ lù.

从这儿到那儿_____/_____ 有两千里路.
(There are perhaps 2,000 miles between here and there.)

(2) Wǒ yǒu yí ge péngyou,_____/_____ nǐ yě rènshi tā.

我有一个朋友，_____ /_____ 你也认识她.
(I have a friend; perhaps you also know her.)

(3) Tā shuō jīntiān huì xià yǔ, _____ xià yǔ le.

他说今天会下雨，_____下雨了.
(He said it would rain and, sure enough, it rained.)

(4) Zhēn xiǎng bú dào _____ tā lái le.

真想不到 _____ 他来了.
(I would never have expected that he would come.)

(5) Tā chángcháng tōu dōngxi, _____ bú shì yí ge hǎo rén.

他常常偷东西，_____ 不是一个好人.
(He often steals things; obviously he is not a good person.)

3. Using each of the items below, make a sentence in Chinese characters:

(1) 也许: _____

(2) 差一点儿:_____

(3) 幸亏: _____

MODULE SEVEN: ADVERBS

Unit IV: Nonmovable Adverbs of Manner

Exercises

1.   For each sentence, fill in the blank with the manner adverbs corresponding to the English sentence in parentheses:

(1)   Tā zǒng shì _____ _____ _____ _____ _____ bāng péngyou de máng.

他总是_____ _____ _____ _____ _____ 帮朋友的忙.
(He always honestly and faithfully helps his friends.)

(2)   _____ _____ _____ _____ _____ yòu shi dōngtiān le.

_____ _____ _____ _____ _____ 又是冬天了.
(Without anyone's realizing it, winter has come again.)

(3)   Nèi ge rén _____ _____ _____ _____ _____ zǒu le.

那个人 _____ _____ _____ _____ _____ 走了.
(That person came in flustered.)

(4)   Tā bǎ nèi piān wénzhāng yòu _____ _____ _____ _____

_____ kàn le yíbiàn.

她把那篇文章又 _____ _____ _____ _____ _____ 看了一遍.
(She carefully read over that article one more time.)

(5)   Tiānqi _____ _____ _____ lěng le.

天气 _____ _____ _____ 冷了.
(The weather is gradually getting colder.)

(6)   Tā _____ _____ _____ dǎ rén.

他 _____ _____ _____ 打人.
(He intentionally hits people.)

2. For each sentence, circle the manner adverb, and then translate the sentence into English:

(1)   Nǐ yīnggāi hǎohǎorde zuòshì.
        你应该好好儿地作事.

        ----

(2)   Míngtiān qǐng nǐ zǎozǎode lái.
        明天请你早早地来.

        ----

(3)   Tā gēn wǒmen suísuíbiànbiànde tán huà.
        他跟我们随随便便地谈话.

        ----

(4)   Wǒ bǎ nèi jiàn shì, qīngqīngchǔchǔde gàosu tā le.
        我把那件事，清清楚楚地告诉他了.

        ----

(5)   Wǒ děi shūshūfūfūde zuò yìhuǐr.
        我得舒舒服服地坐一会儿.

        ----

(6)   Qǐng nǐ kuàikuārde shuō!
        请你快快儿地说!

        ----

(7)   Wǒmen xiǎng gāogāoxìngxìngde hē diǎr jiǔ.
        我们想高高兴兴地喝点儿酒.

        ----

(8)   Nǐ yīnggāi kèkeqìqide shuōhuà.
        你应该客客气气地说话.

MODULE SEVEN: ADVERBS

Unit V: Nonmovable Adverbs zài and yòu

Exercises

1. For each sentence, fill in the blank with the correct adverb:

(1) Qǐng nǐ _____ gěi wǒ yì bēi chá.

请你 _____ 给我一杯茶.
(Please give me another cup of tea.)

(2) Tā _____ gěi le wǒ yì běn shū.

他 _____ 给了我一本书.
(He gave me another book.)

(3) Wǒ bù dǒng, qǐng nǐ _____ shuō yí biàn.

我不懂，请你 _____ 说一遍.
(I don't understand; please say it again.)

(4) Wǒ hái néng _____ jiàn dào nǐ ma?

我还能 _____ 见到你吗?
(Will I ever see you again?)

(5) Jīntiān _____ shì xīngqī wǔ le.

今天 _____ 是星期五了.
(Today is Friday again.)

(6) Wǒ míngtiān _____ qù kàn nǐ.

我明天 _____ 去看你.
(I will see you tomorrow.)

(7) Nǐ _____ zuò cuò le.

你 _____ 做错了.
(You did it wrong again.)

(8)   _____ hē yì bēi chá ba!

_____ 喝一杯茶吧!
(Drink another cup of tea!)

(9)   Qǐng tā _____ kàn yí biàn.

请她 _____ 看一遍.
(Have her read it over again.)

(10)   Lǎoshī _____ shuō le yí biàn, tā hái bù dǒng.

老师 _____ 说了一遍,他还不懂.
(The teacher said it again, but he still didn't understand.)

(11)   Tā zuótiān _____ dào Zhōngguo qù le.

他昨天 _____ 到中国去了.
(She went to China again yesterday.)

(12)   Qǐng nǐ _____ gěi wǒ yì sháo(r) táng.

请你 _____ 给我一勺(儿)糖.
(Please give me another spoonful of sugar.)

2.   For each sentence (pīnyīn and Chinese characters), fill in
     the blank with the correct nonmovable adverb, and then
     translate the sentence into English:

     (1)   Tāmen yào _____ xiǎng xiang.

     他们要 _____ 想想.

     ----

     (2)   _____ xià yǔ le.

     _____ 下雨了.

     ----

(3)   Bié _____ hē jiǔ le!

别 _____ 喝酒了！

----

(4)   Qǐng nǐ _____ shuō yí cì, hǎo ma?

请你 _____ 说一次，好吗？

----

(5)   Tā _____ yào dào Rìběn qù le.

他 _____ 要到日本去了．

----

(6)   Nǐ míngtiān _____ qù ba!

你明天 _____ 去吧！

----

(7)   Nèi ge diànyǐng wǒ xiǎng ____ kàn yí cì.

那个电影我想 ____ 看一次．

----

(8)   Tā xià xīngqī huì bu huì ____ lái?

他下星期会不会 ____ 来？

----

(9)   Tā shuō le yí biàn ____ yí biàn, wǒ hái shì bù dǒng.

他说了一遍____一遍，我还是不懂．

----

(10)　Wǒ _____ yě bù hē jiǔ le.

我 _____ 也不喝酒了.

3.　For each sentence (pīnyīn and Chinese characters), insert the adverbs xiān 先 and zài 再 in the appropriate place to make a logical Chinese sentence, and then translate your sentence into English:

(1)　Wǒ xiǎng dào Xiānggǎng dào Táiwān.

我想到香港到台湾.

----

(2)　Nǐ yīnggāi kàn shū, kàn diànshì.

你应该看书，看电视.

----

(3)　Wǒ wènwèn tā, gàosu nǐ.

我问问他，告诉你.

----

(4)　Wǒmen xiǎng chī fàn, hē tāng.

我们想吃饭，喝汤.

----

(5)　Nǐ qǐng wǒ, wǒ qǐng nǐ.

你请我，我请你.

MODULE SEVEN: ADVERBS

Unit VI: Nonmovable Adverbs jiù and cái

Exercises

1. For each sentence, fill in the blanks with the correct adverb
    combinations (jiù...le 就... 了, cái...ne 才... 呢, or
    cái ... de 才... 的) to make the Chinese sentence correspond
    to the English sentence:

    (1)   Tā zuótiān wǎnshang liù diǎn zhōng ___ shuìjiào ___ .
           他昨天晚上六点钟 ___ 睡觉 ___.
           (Last night at 6:00, he was already asleep.)

    (2)   Wǒ zuótiān zǎoshang shí diǎn zhōng ___ qǐlái ___.
           我昨天早上十点钟 ___ 起来 ___.
           (I didn't get up until 10:00 yesterday morning.)

    (3)   Tā mǔqin shísān suì ___ jiéhūn ___.
           她母亲十三岁 ___ 结婚 ___ .
           (Her mother married at the age of 13.)

    (4)   Nèi běn shū, tā gāngcái ___ gěi wǒ ___.
           那本书，他刚才___ 给我 ___.
           (He just gave that book to me.)

    (5)   Wǒ dǎsuàn míng nián ___ xué Zhōngwén ___.
           我打算明年 ___ 学中文 ___.
           (I don't plan to study Chinese until next year.)

2. Each sentence below has the wrong final particle. First write
    the correct marker in the space provided, and then translate
    the sentence into English:

    (1)   Wǒmen míng nián cái qù de.   ____
           我们明年才去的.   ____

    _____

(2)   Mǎ jiàoshòu qù nián jiù huí guó ne.   ____
    马教授去年就回国呢.   ____

----

(3)   Tā xià xīngqī cái qù kàn nǐ le.   ____
    他下星期才去看你了.   ____

----

(4)   Wǒ zuótiān qī diǎn zhōng jiù dào xuéxiào
    qù de.   ____
    我昨天七点钟就到学校去的.   ____

----

(5)   Tā wǔshí suì cái jiéhūn le.   ____
    他五十岁才结婚了.   ____

----

3.   In the space pridived, enter the letter of the correct Chinese translation:

___ (1)   He left after I came back.
    (A)   Wǒ huílái yǐhou tā jiù zǒu.
          我回来以后他就走.
    (B)   Wǒ huí lái yǐhou tā jiù zǒu le.
          我回来以后他就走了.
    (C)   Wǒ huí lái yǐhou tā jiù zǒu de.
          我回来以后他就走的.

___ (2)   I will read the newspaper right after I eat tonight.
    (A)   Jīntiān wǎnshang wǒ chī le fàn cái kàn bào.
          今天晚上我吃了饭才看报.
    (B)   Jīntiān wǎnshang wǒ chī le fàn jiù kàn bào.
          今天晚上我吃了饭就看报.
    (C)   Jīntiān wǎnshang wǒ chī le fàn jiù kàn bào le.
          今天晚上我吃了饭就看报了.

___ (3)   I went home immediately after class yesterday.
    (A)   Zuótiān wǒ xià le kè jiù huí jiā.
          昨天我下了课就回家.
    (B)   Zuótiān wǒ xià le kè cái huí jiā.
          昨天我下了课才回家.
    (C)   Zuótiān wǒ xià le kè jiù huí jiā le.
          昨天我下了课就回家了.

___(4) Unless he has money, he won't buy a car.
       (A)   Tā yǒu qián cái mǎi chē le.
            他有钱才买车了。
       (B)   Tā yǒu qián cái mǎi chē ne.
            他有钱才买车呢。
       (C)   Tā yǒu qián cái mǎi chē de.
            他有钱才买车的。

___ (5) I didn't study Chinese until I went to China.
       (A)   Wǒ dào Zhōngguo yǐhou cái xué Zhōngwén de.
            我到中国以后才学中文的
       (B)   Wǒ dào Zhōngguo yǐhou cái xué Zhōngwén.
            我到中国以后才学中文。
       (C)   Wǒ dào Zhōngguo yǐhou jiù xué Zhōngwén le.
            我到中国以后就学中文了。

___ (6) I'll buy a new car as soon as I have the money.
       (A)   Wǒ yì yǒu qián cái mǎi yí ge xīn chē.
            我一有钱才买一个新车。
       (B)   Wǒ yì yǒu qián jiù mǎi yí ge xīn chē.
            我一有钱就买一个新车。
       (C)   Wǒ yì yǒu qián cái mǎi yí ge xīn chē le.
            我一有钱才买一个新车了。

4. For each sentence, fill in the blanks with either jiù 就 or
    cái 才, depending on which is needed to make a logical Chinese
    sentence, and then translate the sentence into English:

(1)   Dàjiā dōu shuō tā cōngmíng.
       大家都说他聪明。
       Tā ____ bù cōngmíng ___.
       他 ____ 不聪明____。

    ----
(2)   Nèi ge dà lóu ____ shì wǒ yào mǎi ____.
       那个大楼 ____ 是我要买 ____。

    ----
(3)   Dàjiā dōu shuō nǐ hěn yǒu qián.
       大家都说你很有钱。
       Wǒ ____ méiyǒu qiàn ____.
       我 ____ 没有钱 ____。

Unit VII: Nonmovable Adverb <u>hái</u>

Exercise

For each sentence (<u>pīnyīn</u> and Chinese characters), insert the adverb <u>hái</u> 还 in the appropriate place, and then translate the sentence into English:

(1)   Yǐjing bànyè le, zěnme māma méi huí lái?

已经半夜了，怎么妈妈没回来？

----

(2)   Nǐ yào chī shénme?

你要吃什么？

----

(3)   Zhèi ge wèntí, wǒ bù dǒng.

这个问题，我不懂.

----

(4)   Tā xiǎng zài dào Měiguo qù.

他想再到美国去.

----

(5)   Wǒ bù zhīdao nǐ xìng shénme ne.

我不知道你姓什么呢.

----

(6)   Chú le Zhōngguo shū yǐ wài, wǒ yǒu Měiguo shū.

除了中国书以外，我有美国书。

----

(7)   Chú le tā, wǒ qǐng le sān ge péngyou.

除了他，我请了三个朋友。

----

(8)   Nǐ yào mǎi shénme ma?

你要买什么吗？

----

(9)   Chú le Yīngwén, nǐ huì shuō shénme wàiguo huà?

除了英文，你会说甚麽外国话？

----

(10) Niàn shū yǐ wài, wǒ zuò shì.

念书以外，我作事。

----

(11) Yí ge bú gòu, wǒ yào yí ge.

一个不够，我要一个。

----

(12) Chú le liǎng ge dìdi, wǒ yǒu liǎng ge mèimei.

除了两个弟弟，我有两个妹妹。

----

(13) Nǐ máng, wǒ bǐ nǐ máng.

你忙，我比你忙.

----

(14) Wǒ gāo, nèi ge rén bǐ wǒ gāo.

我高，那个人比我高.

----

(15) Tā bǐ wǒ yònggōng.

他比我用功.

----

(16) Zhèi ge zì, wǒ bú huì.

这个字，我不会.

----

(17) Nèi běn xiǎoshuō búcuò.

那本小说不错.

----

(18) Rìwén bǐ Zhōngwén yào nán.

日文比中文要难.

----

(19) Zhèr de tiānqi bǐ nàr de tiānqi lěng.

这儿的天气比那儿的天气冷.

MODULE SEVEN: ADVERBS

Unit VIII: Review on Adverbs

Fill in the blanks (pīnyīn and Chinese characters) with the
appropriate adverb xiān 先, zài 再, cái 才, jiù 就, yòu 又, or
yǐ...jiù 一 ... 就 to make logical Chinese sentences. Use le 了
or de 的 when appropriate:

(1) Wǒmen ____ yǒu yí ge háizi. Tā míngnián dàxué ____ bìyè

____. Tā ____ bìyè ____ xiǎng jiéhūn, kěshi tā méiyǒu

qián. Tā děi ____ zuò jǐnián shì ____ néng jiéhūn ____.

我们 ____ 有一个孩子. 他明年大学 ____ 毕业 ____. 他

____ 毕业 ____ 想结婚，可是他没有钱. 他得 ___ 做几年

事 ____ 能结婚 ____.

(2) Míngtiān wǒ ____ yào dào Zhōngguo qù le. Wǒ dǎsuàn zài

Rìběn zhù jǐtiān ____ dào Zhōngguo qù. Wǒ ____ dào

Rìběn ____ děi gěi wǒ péngyou dǎ diànhuà. Tā jiē dào

wǒ de diànhuà ____ néng lái jiē wǒ.

明天我 ____ 要到中国去了. 我打算在日本住几天 ____ 到

中国去. 我 ____ 到日本 ____ 得给我朋友打电话. 他接到

我的电话 ____ 能来接我.

(3) Wǒ ____ dào fēijīchǎng ____ gěi wǒ péngyou dǎ diànhuà,

kěshi dǎ le yí ge zhōngtóu ____ dǎtōng. Fēijī wǔ diǎn

zhōng dào de, wǒmen shí diǎn zhōng ____ dào lǚguǎn.

我 ___ 到飞机场 ___ 给我朋友打电话，可是打了一个钟头

___ 打通．飞机五点钟到的，我们十点钟 ___ 到旅馆．

(4)　____ dào lǚguǎn, wǒmen ____ qù chīfàn. Chīwán fàn wǒ

péngyou ____ yào huíqu. Wǒ qǐng tā ____ zuò yìhuǐr.

Tā shuō bú zuò le, tā míngtiān ____ lái kàn wǒ. Wǒmen

shuō le zàijiàn, tā ____ zǒu le.

___ 到旅馆，我们 ___ 去吃饭．吃完饭我朋友 ___ 要回去．

我请他 ___ 坐一会儿．他说不坐了，他明天 ___ 来看我．

我们说了再见，他 ___ 走了．

(5)　Zuótiān wǒ qù kàn jīngxì(Peking opera). Jīntiān wǒ

____ qù le. Jīngxì qī diǎn kāishǐ, wǒ liù diǎn bàn

____ qù le. Yǒu hěn duō rén xì kāishǐ yǐhou ____

dào ____.

昨天我去看京戏．今天我 ___ 去了．京戏七点开始，我六点

半 ___ 去了．有很多人戏开始以后 ___ 到 ___.

(6)　Dàjiā dōu shuō wàiguo rén bù xǐhuan kàn jīngxì, kěshi

nèi ge wàiguo rén ____ kàn ____ xǐhuan. Tā zuótiān kàn

le yí cì, jīntiān ____ kàn le ____ yí cì. Míngtiān tā

____ yào ____ kàn yí cì.

大家都说外国人不喜欢看京戏，可是那个外国人 ___ 看 ___

喜欢．他昨天看了一次，今天 ___ 看了 ___ 一次．明天他

___ 要 ___ 看一次．

Unit I: The Auxiliary Verbs huì, néng, and kěyi

Exercises

1. For each blank, fill in either huì 会, néng 能, or kěyi 可以, depending on which is needed to conform to the English:

    (1) Speaker A: Nǐ ____ bu ____ yóuyǒng?

        你 ____ 不 ____ 游泳?
        (Do you know how to swim?)

        Speaker   B: ____, kěshi xiànzài wǒ lǎo le, bù ____ yóuyǒng le.

        ____, 可是现在我老了, 不 ____ 游泳了.
        (Yes, but I am old now and can no longer swim.)

        Speaker   A: Dàifu (doctor) shuō nǐ ____ bu ____ yóuyǒng?

        大夫说你 ____ 不____ 游泳?
        (Did the doctor say you cannot swim?)

        Speaker   B: Dàifu shuō wǒ ____ yóuyǒng, kěshi wǒ xiǎng wǒ

        bù ____ yóu le.

        大夫说我 ____ 游泳, 可是我想我不 ____ 游了.
        (The doctor said I can swim, but I think I can't swim.)

    (2) Speaker A: Nǐ ____ shuō Zhōngguo huà ma?

        你 ____ 说中国话吗?
        (Can you speak Chinese?)

        Speaker B: Wǒ jiù ____ shuō yì diǎr.

        我就 ____ 说一点儿.
        (I can only speak a little.)

Speaker A: Nǐ ____ shuō shénme?

你 ____ 说什么？
(What can you say?)

Speaker B: Wǒ jiù ____ shuō yī, èr, sān sān ge zì.

我就 ____ 说 一，二，三，三个字.
(I can only say three words: one, two, three.)

Speaker A: Nǐ xiǎng xué Zhōngwén ma?
你想学中文吗？
(Would you like to learn Chinese?)

Speaker B: Xiǎng. Nǐ ____ jiāo wǒ ma?

想. 你 ____ 教我吗？
(Yes. Can you teach me?)

Speaker A: Dāngrán _____.

当然 _____.
(Yes. Of course.)

(3) Speaker A: Nǐ néi tiān ____ dào wǒ jiā lái chī fàn?

你哪天 ____ 到我家来吃饭？
(On which day can you come to my house for dinner?)

Speaker B: Něi tiān dōu ____.

哪天都 _____.
(Any day is fine.)

Speaker A: Nà jiù míngtiān ba. Nǐ ____ zhǎo dào wǒ de jiā ma?

那就明天吧. 你 ____ 找到我的家吗？
(Let's do it tomorrow. Will you be able to find my house?)

8-1-2

Speaker B: Wǒ ____ kàn dìtú (map).

我 ____ 看地图.
(I can look at the map.)

Speaker A: Nǐ ____ kāichē ma?

你 ____ 开车吗?
(Can you drive?)

Speaker B: Wǒ bú ____, wǒ hái méi xué ne. Wǒ tàitai

____ kāichē.

我不 ____,我还没学呢. 我太太 ____ 开车.

(I can't; I haven't learned yet. My wife can
drive.)

Speaker A: Yàoshi nǐmen bú yuànyi kāichē lái, nǐmen ____
zuò gōnggòng qìchē lái.

要是你们不愿意开车来,你们 _____ 坐公共汽车来.
(If you don't want to come by car, you can come
by bus.)

(4) Speaker A: Jīntiān ____ bu ____ xià yǔ?

今天 ___ 不 ___ 下雨?
(Will it rain today?)

Speaker B: _____

_____
(Yes.)

Speaker A: Nà wǒmen bù _____ / _____ chūqu wár le.

那我们不_____ /_____ 出去玩儿了.
(Then we can't go out and have fun now.)
Speaker B: Duì le.
对了.
(That's right.)

Speaker A: Jīntiān bù ____ chūqu wár, míngtiān _____ ma?

今天不 ____ 出去玩儿，明天 _____ 吗？
(Since we can't go out and have fun today, can
we go tomorrow?)

Speaker B: Yàoshi míngtiān bú xiàyǔ, dāngrán _____ le.

要是明天不下雨，当然 _____了．
(If it doesn't rain tomorrow, then of course
we can.)

(5) Speaker A: Wáng xiǎojie zhēn _____ shuōhuà.

王小姐真 ____ 说话．
(Miss Wang can really speak well.)

Speaker B: _____ shuōhuà de rén bù yídìng _____ zuòshì.

____ 说话的人不一定 ____ 做事．
(People who can speak are not necessarily able
to act.)

Speaker A: Wáng xiǎojie búdàn ____ shuōhuà yě hěn ____
zuòshì.

王小姐不但 ____ 说话也很 ____ 做事．
(Not only is Miss Wang able to speak well, she
is also able to act.)

Speaker B: Tā _____ zuò shénme shì?

她 _____ 做什么事？
(What can she do?)

Speaker A: Shénme shì tā dōu _____ zuò.

什么事她都 _____ 做．
(She can do anything.)

2. For each sentence, enter the letter of the correct Chinese translation in the space provided:

___ (1) Xiǎo Wáng can be a leader.
     (A)   Xiǎo Wáng néng zuò lǐngdǎo.
          小王能做领导.
     (B)   Xiǎo Wáng huì zuò lǐngdǎo.
          小王会做领导.

___ (2) Xiǎo Wáng will be our leader next year.
     (A)   Xiǎo Wáng míng nián néng zuò wǒmen de lǐngdǎo.
          小王明年能做我们的领导.
     (B)   Xiǎo Wáng míng nián huì zuò wǒmen de lǐngdǎo.
          小王明年会做我们的领导.

___ (3) Can you learn 100 characters a day?
     (A)   Nǐ yì tiān huì xué huì yì bǎi ge zì ma?
          你一天会学会一百个字吗?
     (B)   Nǐ yì tiān néng xué huì yì bǎi ge zì ma?
          你一天能学会一百个字吗?

___ (4) He can understand three languages.
     (A)   Tā huì tīng dǒng sān zhǒng yǔyán.
          他会听懂三种语言.
     (B)   Tā néng tīng dǒng sān zhǒng yǔyán.
          他能听懂三种语言.

___ (5) We shouldn't teach children to do bad things.
     (A)   Wǒmen bù néng jiāo háizi zuò huài shì.
          我们不能教孩子做坏事.
     (B)   Wǒmen bú huì jiāo háizi zuò huài shì.
          我们不会教孩子做坏事.

___ (6) Don't worry, we wouldn't teach children bad things.
     (A)   Bié zháojí, wǒmen bù néng jiāo háizi zuò huài shì.
          别着急，我们不能教孩子做坏事.
     (B)   Bié zháojí, wǒmen bú huì jiāo háizi zuò huài shì de.
          别着急，我们不会教孩子做坏事的.

___ (7) He is only ten months old, so he cannot walk yet.
  (A)   Tā cái shí ge yuè, suǒyi hái bù néng zǒulù ne.
         他才十个月，所以还不能走路呢.
  (B)   Tā cái shí ge yuè, suǒyi hái bú huì zǒulù ne.
         他才十个月，所以还不会走路呢.

___ (8) He just broke his leg, so he cannot walk.
  (A)   Tā gāng shuāi duàn le tuǐ, suǒyi bú huì zǒulù.
         他刚摔断了腿，所以不会走路.
  (B)   Tā gāng shuāi duàn le tuǐ, suǒyi bù néng zǒulù.
         他刚摔断了腿，所以不能走路.

3. For each sentence, fill in the blank with either huì 会, néng 能, or kěyi 可以, depending on which is needed to conform to the English:

(1)   Wǒ hěn xǐhuan hē jiǔ, kěshi xiànzài shēntǐ bù hǎo bù ____ hē le.

       我很喜欢喝酒，可是现在身体不好不 ____ 喝了.
       (I really like to drink, but I am in poor health so I can no longer drink.)

(2)   Wǒ zhēn de chī bǎo le, bù ____ zài chī le.

       我真的吃饱了，不 ____ 再吃了.
       (I am really full and cannot eat any more.)

(3)   Tā bú ____ yòng kuàizi chī fàn.

       他不 ____ 用筷子吃饭.
       (He does not know how to use chopsticks.)

(4)   Tā yào dào Měiguo lái, wǒ zěnme ____ bù zhīdào ne?

       他要到美国来，我怎么 ____ 不知道呢?
       (How is it possible that I did not know he is coming to the United States?)

(5)   Wǒ bú tài ____ hē jiǔ. Wǒ xiānsheng hěn ____ hē jiǔ.

       我不太 ____ 喝酒. 我先生很 ____ 喝酒.
       (I cannot drink much. My husband can drink a lot.)

(6) Nǐ xià ge zhōumò _____ lái wǒ jiā chī fàn ma?

你下个周末____ 来我家吃饭吗?
(Can you come to my house for dinner next weekend?)

(7) Méiyǒu hùzhào bù _____ dào wài guó qù.

没有护照不 _____ 到外国去.
(You cannot go to a foreign country without a passport.)

(8) Yǒu de jùzi kěyi yòng "néng," yě _____ yòng "kěyi."

有的句子可以用 "能," 也 ____ 用 "可以."
(Either "neng" or "keyi" can be used in some sentences.)

(9) Diànhuà dǎ bù tōng, nǐ _____ guà shang zài dǎ.

电话打不通, 你 _____ 挂上再打.
(If your call cannot get through, you can hang up and try again.)

(10) Nǐ zuò wán gōngkè jiù _____ kàn diànshì le.

你作完功课就 _____ 看电视了.
(You can watch TV after you finish your homework.)

(11) Méiyǒu piào bù _____ /_____ jìn qu.

没有票不 _____ /_____ 进去.
(You cannot go in without a ticket.)

(12) Zhāng jiàoshou hěn _____ jiāoshū.

张教授很 _____ 教书.
(Professor Zhang really knows how to teach.)

(13) Wǒ zuótiān bìng le, suǒyi méi ____ lái shàng kè.

我昨天病了, 所以没 ____ 来上课.
(Because I was sick yesterday, I did not come to school.)

MODULE EIGHT: AUXILIARY VERBS

Unit II: The Auxiliary Verbs děi, bìděi, and yīnggāi/yīngdāng

Exercises

1. Fill in the blanks (pīnyīn and Chinese characters) with the appropriate auxiliary verb děi 得, bìděi 必得, yīnggāi/yīngdāng 应该/应当, or its negative form. Where more than one fits, supply both:

    (1)   Nǐ bìng gāng hǎo, _____ /_____ duō xiūxi jǐtiān.

           你病刚好, _____ /_____ 多休息几天.
           (You just got over your illness; you should stay in bed a few more days.)

    (2)   Rén dōu _____ chīfàn.

           人都 ____ 吃饭.
           (People have to eat.)

    (3)   Tā zǎo jiù _____ /_____ gěi nǐ fáng qián le.

           他早就 _____ /_____ 给你房钱了.
           (He should have paid you rent long ago.)

    (4)   Dàifu shuō nǐ māma de bìng _____ kuài hǎo le.

           大夫说你妈妈的病 _____ 快好了.
           (The doctor says that your mom should be feeling better soon.)

    (5)   Nǐ bù _____ bǎ chē tíng zài zhèr.

           你不 _____ 把车停在这儿.
           (You should not park your car here.)

    (6)   Nǐ _____ xiè wǒ.

           你 _____ 谢我.
           (You do not have to thank me.)

(7)   Wǒ de qián _____ zài píbāo lǐ, yàoshi wǒ méi
       jì cuò de huà.

       我的钱 _____ 在皮包里，要是我没记错的话。
       (My money ought to be in my handbag, if I remember
       correctly.)

(8)   Wǒ _____ gěi tā dǎ diànhua ma?

       我 _____ 给他打电话吗？
       (Should I call her?)

(9)   Nǐ bú _____ gěi tā dǎ diànhua, tā _____ gěi
       nǐ dǎ diànhua.

       你不 _____ 给他打电话。他 _____ 给你打电话。
       (No, you do not have to call her. She ought to
       call you.)

(10)   Wǒ _____ qù shàng cèsuǒ.

       我 _____ 去上厕所。
       (I have to go to the bathroom.)

2.   In the space provided, enter the letter of the most accurate
      translation for each of the following:

___ (1) Wash your hands before you eat.
        (A)   Nǐ yīnggāi xiān xǐ shǒu zài chī fàn.
               你应该先洗手再吃饭。
        (B)   Nǐ děi xiān xǐ shǒu yǐqián chī fàn.
               你得先洗手以前吃饭。

___ (2) Should we let kids watch so much TV?
        (A)   Wǒmen děi ràng háizi kàn nàme duō diànshì ma?
               我们得让孩子看那么多电视吗？
        (B)   Wǒmen yīnggāi ràng háizi kàn nàme duō diànshì
               ma?
               我们应该让孩子看那么多电视吗？

___ (3) You do not have to call Dr. Ma.
  (A)   Nǐ bú bì gěi Mǎ dàifu dǎ diànhuà.
         你不必给马大夫打电话.
  (B)   Nǐ bù děi gěi Mǎ dàifu dǎ diànhuà.
         你不得给马大夫打电话.

___ (4) I shouldn't sit here relaxing.
  (A)   Wǒ bù yīnggāi zuò zài zhèr xiūxi.
         我不应该坐在这儿休息.
  (B)   Wǒ yīnggāi bú zuò zài zhèr xiūxi.
         我应该不坐在这儿休息.

___ (5) He should be home now.
  (A)   Tā xiànzài děi zài jiā le.
         他现在得在家了.
  (B)   Tā xiànzài yīnggāi zài jiā le.
         他现在应该在家了.

___ (6) I have to finish my homework tonight.
  (A)   Wǒ jīntiān wǎnshang děi zuò wán gōngkè.
         我今天晚上得作完功课.
  (B)   Wǒ jīntiān wǎnshang yīnggāi zuò gōngkè.
         我今天晚上应该作功课.

3. Write a story in Chinese characters, using the auxiliary
    verbs děi 得, bìděi 必得, yīnggāi/yīngdāng 应该/ 应当 and its
    negative form búbì 不必, bù yīnggāi/yīngdāng 不应该/ 应当:

    _____

    _____

    _____

    _____

    _____

    _____

    _____

MODULE EIGHT: AUXILIARY VERBS

Unit III: The Auxiliary Verbs yào, xiǎng, and yuànyi

Exercises

1.   Fill in each blank (pīnyīn and Chinese characters) with either
     xiǎng 想, yào 要, or yuànyi 愿意, depending on which is needed
     to conform to the English. If some sentences have more than
     one answer, give both:

(1) Speaker A: Nǐmen _____ shénme cài?

                 你们 ____ 甚么菜？
                 (What would you like to order?)

     Speaker B: Wǒmen _____ yí ge yú, yí ge jī.

                 我们 ____ 一个鱼，一个鸡．
                 (We would like to order a dish of fish and a
                 dish of chicken.)

     Speaker A: Zài ____ yí ge chǎo niúròu, hǎo ma?

                 再 ____ 一个炒牛肉，好吗？
                 (Would you also like to order a stir-fried
                 beef?)

     Speaker B: Wǒ xiǎng wǒmen _____ _____ yí ge hóng shāoròu.

                 我想我们 _____ _____ 一个红烧肉．
                 (What about you? I would like to have a
                 red-cooked pork.)

     Speaker A: Nǐmen ____ shénme tāng?

                 你们 ____ 甚么汤？
                 (What kind soup would you like to have?)

     Speaker B: Wǒmen bú _____ tāng.

                 我们不____ 汤．
                 (We do not want soup.)
                 8-3-1

(2) Speaker A: Zhōngwén kuài _____ kǎoshì le.

中文快 _____ 考试了.
(The Chinese test is coming soon.)

Speaker B: Wǒ zhèi cì bú ____ /____ kǎo. Nǐ ne?

我这次不 ____ /____ 考. 你呢?
(I don't want to take this test. How about you?)

Speaker A: Wǒ yě bú _____ kǎo, kěshi lǎoshī yídìng _____ wǒ kǎo.

我也不 _____ 考,可是老师一定 _____ 我考.
(I don't want to take the test either, but the teacher wants me to take it.)

(3) Speaker A: Shénme shíhou huì xià yǔ?
甚么时候会下雨?
(When is it going to rain?)

Speaker B: Hǎoxiàng kuài _____ xià yǔ le.

好像快 ____ 下雨了.
(It looks like it is going to rain soon.)

Speaker A: Hǎojíle! Wǒ de huā dōu kuài _____ gān sǐ le.

好极了! 我的花都快 ____ 干死了.
(Great! All my flowers are about to die.)

(4) Speaker A: Nǐ _____ /_____ /_____ gēn péngyou jiè qián hái shi gēn fùmǔ yào qián?

你_____ /_____ /_____ 跟朋友借钱还是跟父母要钱?
(Do you prefer borrowing money from a friend or asking your parents for money?)

Speaker B: Wǒ _____ /_____ /_____ gēn péngyou jiè qián.

我 _____ /_____ /_____ 跟朋友借钱.
(I would rather borrow money from my friends.)

(5) Speaker A: Nǐ _____ /_____ qù cānguān Báigōng ma?

你 _____ /_____ 去参观白宫吗?
(Would you like to visit the White House?)

Speaker B: Báigōng méi shénme yìsi. Wǒ _____ /_____ qù kàn yīnghuā.

白宫没甚么意思. 我 ____ /____ 去看樱花.
(The White House is not very interesting.
I would rather see the cherry blossoms.)

(6) Speaker A: Nǐ _____ bu _____ niàn dàxué?

你 _____ 不 _____ 念大学?
(Are you willing to go to college?)

Speaker B: Bu _____, kěshì wǒ fùmǔ yídìng _____ wǒ niàn.

不 _____, 可是我父母一定 _____ 我念.
(No, but my parents insist on my going.)

(7) Speaker A: Nǐ _____ /_____ niàn Zhōngwén háishi niàn Rìwén?

你 _____ /_____ 念中文还是念日文?
(Do you prefer studying Chinese or Japanese?)

Speaker B: Dōu bu _____ / _____ niàn.

都不 _____ /_____ 念.
(Neither one of them.)

(8) Speaker A: Nǐ _____ /_____ kàn diànyǐng háishi tīngxì?

你 _____ /_____ 看电影还是听戏?
(Do you want to see a movie or go to the Peking opera?)

Speaker B: Dōu bú _____ /_____ kàn. Wǒ _____ /_____
zài Jiā kàn shū.

都不_____ /_____. 我 _____ /_____ 在家看书.
(Neither one of them. I prefer reading at
home.)

2. Write a passage in Chinese characters about your plans for the
future:

MODULE NINE: COVERBS

Unit I: The Coverbs gēn, hé/hàn, and tóng

Exercises

1. For each sentence (both pīnyīn and Chinese characters), insert the coverb gēn 跟 in the appropriate place to make the meaning conform to the English:

    (1)   Wǒ bù xǐhuan tā shuōhuà.

            我不喜欢他说话.
            (I don't like to talk to him.)

    (2)   Bié nèi ge huài háizi xué.

            别那个坏孩子学.
            (Don't learn from that bad child.)

    (3)   Nǐ yào bu yào tā jiànmiàn?

            你要不要他见面?
            (Do you want to meet him?)

    (4)   Nǐ de Zhōngwén shì shéi xué de?

            你的中文是谁学的?
            (With whom did you study Chinese?)

    (5)   Wǒ hái méiyǒu tā shuō zàijiàn ne.

            我还没有他说再见呢.
            (I haven't said good-bye to him yet.)

2. For each sentence, using <u>pīnyīn</u> with tone marks and Chinese
    characters, rearrange the order so that it will be
    grammatically correct, based on the English:

(1)   Wǒ bù xiǎng jiéhūn gēn tā.
        我不想结婚跟他.
        (I don't want to marry him.)

        ----

(2)   Tā shàng kè gēn wǒmen yíkuàr qù.
        他上课跟我们一块儿去.
        (He goes to class with us.)

        ----

(3)   Zhāng jiàoshòu shuō huà gēn wǒ chángcháng.
        张教授说话跟我常常.
        (Professor Zhang often talks to me.)

        ----

(4)   Wǒ gēn tā jiè qián méiyǒu.
        我跟他借钱没有.
        (I didn't borrow money from him.)

        ----

(5)   Wǒ gēn tā guānxi méiyǒu.
        我跟他关系没有.
        (I have no relationship with him.)

Unit II: The Coverbs gěi, tì, and wèi

Exercise

For each sentence (for both pīnyīn and Chinese characters), insert
the coverb gěi 给, tì 替, or wèi(le)为（了）in the appropriate
place to make the meaning conform to the English:

(1)   Wǒ jīntiān děi tā dǎ diànhuà.

我今天得他打电话.
(I have to call him today.)

(2)   Wǒ bìng le, nǐ néng wǒ jiāo shū ma?

我病了，你能我教书吗？
(I am sick, can you teach for me?)

(3)   Tā bù néng lǎo nǐ mǎi piào.

他不能老你买票.
(He can't always buy tickets for you.)(i.e. instead
of buying it yourself.)

(4)   Wǒmen yīnggāi rénmín fúwù.

我们应该人民服务.
(We should work for(the sake) of the people.)

(5)   Māma tiāntiān wǒmen zuò fàn.

妈妈天天我们做饭.
(Mom cooks for us everyday.)

(6)   Wǒ bù kéyi nǐ zuò gōngkè.

我不可以你作功课.
(I can't do homework for you.)

(7)　　　Qǐng nǐ wǒmen jiǎng yí ge gùshi.

　　　　请你我们讲一个故事.
　　　　(Please tell us a story.)

(8)　　　Tā fùmǔ dōu sǐ le, wǒ zhēn tā nánguò.

　　　　他父母都死了，我真他难过.
　　　　(Both of his parents died; I really feel sorry for him.)

(9)　　　Qǐng nǐ wǒ mǎi yì běn shū, wǒ yìhuǐr gěi nǐ qián.

　　　　请你我买一本书，我一会儿给你钱.
　　　　(Please buy a book for me and I'll pay you later.)

(10)　　Tā méi(yǒu) māma mǎi yīfu.

　　　　他没（有）妈妈买衣服.
　　　　(He didn't buy a dress for his mother.)

(11)　　Bié zhèi jiàn shì shēngqì.

　　　　别这件事生气.
　　　　(Don't get upset over this matter.)

(12)　　Nǐ yuànyi shéi zuò shì?

　　　　你愿意谁作事?
　　　　(Whom would you like to work for?)

(13)　　Wǒ chángcháng mǔqin zuò fàn.

　　　　我常常母亲做饭.
　　　　(I often cook for mother.) (i.e. in place of her.)

(14)　　Tā fùqin bú huì xiě xìn, suǒyi tā děi tā xiě.

　　　　他父亲不会写信，所以他得他写.
　　　　(His father can't write letters; therefore he must write them for his father.)

(15)   Wǒ zhèime zuò dōu shì nǐ hǎo.

我这么做都是你好．
(I am doing this all for your sake.)

(16)   Jīntiān shì wǒ péngyou de shēngrì, suǒyi wǒ yào tā mǎi
       yí ge lǐwù.

今天是我朋友的生日，所以我要他买一个礼物．
(Today is my friend's birthday, so I want to buy him a
present.)

(17)   Zài zhèngfǔ zuò shì de rén dōu yīnggāi rénmín zuò shì.

在政府作事的人都应该人民作事．
(All government employees should serve the people.)

(18)   Wǒ jīntiān lái shì gēn nǐ tántan.

我今天来是跟你谈谈．
(I came today in order to chat with you.)

(19)   Nǐ yǒu shì yào zhǎo tā, zuìhǎo xiān tā dǎ yí ge
       diànhuà.

你有事要找他，最好先他打一个电话．
(If you need to contact him about something, it would
be best to give him a call first.)

(20)   Qǐng nǐ wǒ wèn tā hǎo.

请你我问他好．
(Please give her my regards.)

(21)   Lái, wǒ nǐmen jièshao jièshao.

来，我你们介绍介绍．
(Come, I will introduce you.)

(22)   Wǒ tā xiě le sān fēng xìn.

我他写了三封信．
(I wrote him three letters.)

MODULE NINE: COVERBS

Unit III: The Coverb yòng

Exercise

Insert the coverb yòng 用 in the appropriate place for each
sentence (both pīnyīn and Chinese characters), making the meaning
conform to the English:

(1)   Nǐ shì zuǒ shǒu xiě zì hái shì yòu shǒu xiě zì?

你是左手写字还是右手写字？
(Do you write with your left or right hand?)

(2)   Zhèi jù huà, nǐ huì Fàwén shuō ma?

这句话，你会法文说吗？
(Can you say this sentence in French?)

(3)   Zhèi ge dōngxi shì jīqì zuò de hái shì shǒu zuò de?

这个东西是机器做的还是手做的？
(Is this object made by machine or by hand?)

(4)   Miànbāo shì miànfěn zuò de.

面包是面粉做的.
(Bread is made out of flour.)

(5)   Zhèi jiàn shì bú nǐ guǎn.

这件事不你管.
(There is no need for you to take care of this matter.)

(6)   Nǐ huì bu huì máobǐ xiě zì?

你会不会毛笔写字？
(Can you write with a (Chinese) brush?)

MODULE NINE: COVERBS

Unit IV: The Coverb duì

Exercises

1. Insert the coverb duì 对 in the appropriate place for each
    sentence (both pīnyīn and Chinese characters). Duì 对 may be
    used more than once in some sentences. Make the meaning conform
    to the English:

    (1)   Tā wàiguo rén hěn bù hǎo.

            他外国人很不好.
            (He is not very nice to foreigners.)

    (2)   Rénmín zhèngfǔ bú xìnrèn.

            人民政府不信任.
            (The people do not trust their government. (i.e. have
            trust towards)

    (3)   Wǒ nǐ shuō de huà yǒu yìjian.

            我你说的话有意见.
            (I object to what you said./ I have an opinion to what
            you said.)

    (4)   Tā wǒ shuō: "Nǐ yīnggāi wǒ kèqi yì diǎr."

            他说我，" 你应该我客气一点儿."
            (He said to me, "You should be a little more polite
            to me".)

    (5)   Nǐ qù tā shuō ba.

            你去他说吧.
            (You go speak to him.)

2. For each sentence (both pīnyīn and Chinese characters), first insert the correct negative marker in the appropriate place, and then translate your sentence into English:

(1) Tā duì xuésheng guānxīn.

他对学生关心。

----

(2) Wǒ duì zhèi jiàn shì yǒu yìjian.

我对这件事有意见。

----

(3) Dìdi duì niànshū yǒu xìngqu.

弟弟对念书有兴趣。

----

(4) Mǔqin chángcháng duì wǒmen fā píqi.

母亲常常对我们发脾气。

----

(5) Zhèi jiàn shì duì wǒ yǒu guānxi.

这件事对我有关系。

Unit V: Review Exercise on Adverbs

For each sentence (both pīnyīn and Chinese characters), first fill in the blank with either yòng 用, gēn 跟, duì 对, tì 替, gěi 给, or wèi 为 depending on which is needed, and then translate your sentence into English:

(1)   Nǐ měitiān _____ shéi yíkuài wár?

    你每天 _____ 谁一块玩儿?

    ----

(2)   Wǒ _____ Zhōngguo qíngxíng bú tài shūxi(familiar with.)

    我 _____中国情形不太熟悉.

    ----

(3)   Yàoshi nǐ méi gōngfu qù kāi huì, wó _____ nǐ qù.

    要是你没工夫去开会,我 ____ 你去.

    ----

(4)   Nǐ yào jiéhūn le, wǒ zhēn ____ nǐ gāoxìng.

    你要结婚了,我真 ____ 你高兴.

    ----

(5)   _____ zhèi zhǒng shìqing, wǒ mèimei cónglái bú zhùyi.

    _____ 这种事情,我妹妹从来不注意.

    ----

(6) Tā ____ cóngqián yí yàng xǐhuan hējiǔ.

他 ____ 从前一样喜欢喝酒.

----

(7) Bié ____ wǒ shuōhuà!

别 ____ 我说话!

----

(8) Wǒ bù xǐhuan ____ dāochá chīfàn.

我不喜欢 ____ 刀叉吃饭.

----

(9) Māma tiāntiān ____ wǒmen zuòfàn.

妈妈天天 ____ 我们做饭.

----

(10) Qǐng nǐ ____ wǒmen jièshao jièshao.

请你 ____ 我们介绍介绍.

MODULE TEN: FORMS AND PATTERNS FOR COMPARISON

Unit I: Similarity and Dissimilarity

Exercises

1. Referring to the graphics, for each sentence, circle the letter of the correct answer, and then translate that answer into English:

(1)   Zhè ge yǐzi gēn nèi ge yǐzi yíyàng bu yíyàng?
       这个椅子跟那个椅子一样不一样？
       (A)   Yíyàng.
              一样.
       (B)   Bù yíyàng.
              不一样.

       ----

(2)   Zhè liǎng ge ne?
       这两个呢？
       (A)   Bù yíyàng.
              不一样.
       (B)   Yíyàng.
              一样.

       ----

(3)   Zhè sì ge rén dōu yíyàng gāo ma?
       这四个人都一样高吗？
       (A)   Dōu bù yíyàng gāo.
              都不一样高.
       (B)   Dōu yíyàng bù gāo.
              都一样不高.

(4)   Zhè xiē rén dōu yíyàng ma?

这些人都一样吗？

    (A)   Dōu yíyàng.

        都一样．

    (B)   Dōu bù yíyàng.

        都不一样．

----

(5)   Zhè sì tiáo gǒu dōu yíyàng dà ma?

这四条狗都一样大吗？

    (A)   Bù dōu yíyàng dà.

        不都一样大．

    (B)   Dōu bù yíyàng dà.

        都不一样大．

----

2.   Referring to the graphics, for each sentence, first translate the question into English, and then circle the correct answer:

(1)   Dōngtiān de tiānqi gēn xiàtián de tiānqi yíyàng bu yiyang?

冬天的天气跟夏天的天气一样不一样？

    (A)   Yìdiǎr yě bù yíyàng.

        一点儿也不一样．

    (B)   Wánquán yíyàng.

        完全一样．

(2)   Zhè xiē rén dōu yíyàng gāo ma?

这些人都一样高吗？

    (A)   Chà bu duō yíyàng gāo.

        差不多一样高．

    (B)   Yìdiǎr yě bù yíyàng gāo.

        一点儿也不一样高．

(3) Zhè liǎng zhī xié de yàngzi yíyàng bu yíyàng?
这两只鞋的样子一样不一样？

_____

(A) Wánquán bù yíyàng.
完全不一样．
(B) Yǒu yìdiǎr bù yíyàng.
有一点儿不一样．

(4) Zhè jǐ liàng qìchē de jiàqián dōu yíyàng ma?
这几辆汽车的价钱都一样吗？

_____

(A) Dōu bù yíyàng.
都不一样．
(B) Bù dōu yíyàng.
不都一样．

1991 HONDA ACCORD SE	1990 BMW 5351
$14,900	$24,995
1993 HONDA CIVIC EX	1994 BMW 5301
$14,999	$38,900

(5) Zhāng xiáojie gēn Lǐ xiaojie shuō de huà yíyàng bu yíyàng?
张小姐跟李小姐说的话一样不一样？

_____

(A) Wánquán bù yíyàng.
完全不一样．
(B) Yǒu yìdiǎr bù yíyàng.
有一点儿不一样．

3. Referring to the graphics, for each sentence, first circle the correct answer, and then translate the correct answer into English:

(1)   Zhè ge rén xiàng Zhōngguo rén ma?
        这个人像中国人吗？
        (A)   Tā yǒu yìdiǎr xiàng Zhōngguo rén.
                他有一点儿像中国人．
        (B)   Tā yìdiǎr yě bú xiàng Zhōngguo rén.
                他一点儿也不像中国人．

(2)   Zhè liǎng ge háizi hěn xiàng ma?
        这两个孩子很像吗？
        (A)   Tāmen liǎngge rén yǒu yìdiǎr xiàng.
                他们两个人有一点儿像．
        (B)   Tāmen liǎngge rén yìdiǎr xiàng.
                他们两个人一点儿像．

(3)   Zuǒ biǎr de rén gēn yòu biǎr de rén yíyàng ma?
        左边儿的人跟右边儿的人一样吗？
        (A)   Tāmen liǎng ge rén chàbuduō yíyàng.
                他们两个人差不多一样．
        (B)   Tāmen liǎng ge rén yìdiǎr yě bù yíyàng.
                他们两个人一点儿也不一样．

---

(4)　Èr shí jiǔ kuài jiǔ máo qī de yǐzi yǒu sān shí jiǔ kuài
　　　 sì máo qī de yǐzi hǎo ma?
　　　 二十九块九毛七的椅子有三十九块四毛七的椅子好吗?
　　　 (A)　　Méiyǒu.
　　　 　　　 没有.
　　　 (B)　　Bùyǒu.
　　　 　　　 不有.
　　　 (C)　　Méi.
　　　 　　　 没.

(5)　Zuǒ biār de fángzi yǒu méi yǒu yòu biār de fángzi
　　　 nàme dà?
　　　 左边儿的房子有没有右边儿的房子那么大?
　　　 (A)　　Zuǒ biār de fángzi gēn yòu biār de fángzi
　　　 　　　 chàbuduō yíyàng dà.
　　　 　　　 左边儿的房子跟右边儿的房子差不多一样大.
　　　 (B)　　Zuǒ biār de fángzi yǒu yòu biār de fángzi
　　　 　　　 nàme dà.
　　　 　　　 左边儿的房子有右边儿的房子那么大.
　　　 (C)　　Zuǒ biār de fángzi méi yǒu yòu biār de fángzi
　　　 　　　 nàme dà.
　　　 　　　 左边儿的房子没有右边儿的房子那么大.

MODULE TEN: FORMS AND PATTERNS FOR COMPARISON

Unit II: Differences in States or Conditions

Exercises

1. Referring to the graphics, for each sentence, first translate the question into English, and then circle the correct answer:

(1) Yí cì mǎi liǎng ge dēng, měi yí ge dēng de jiàqián gēn yí cì mǎi yí ge dēng de jiàqián yíyàng ma?
一次买两个灯，每一个灯的价钱跟一次买一个灯的价钱一样吗？

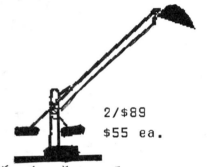

(A) Yíyàng.
一样.

(BO Bù yíyàng.
不一样.

2/$89
$55 ea.

(2) Zhè ge guǎnggào shì xīwang nǐ mǎi jǐ ge dēng?
这个广告是希望你买几个灯？

(A) Mǎi yíge dēng.
买一个灯.

(B) Mǎi liǎngge dēng.
买两个灯.

(3) Nǐ zěnme zhīdao?
你怎么知道？

(A) Yīnwei nǐ yí cì mǎi liǎngge dēng bǐ liǎng cì mǎi liǎngge dēng yìdiǎr piányi.
因为你一次买两个灯比两次买两个灯一点儿便宜.

(B) Yīnwei nǐ yí cì mǎi liǎngge dēng bǐ liǎng cì mǎi liǎngge dēng piányi yìdiǎr.
因为你一次买两个灯比两次买两个灯便宜一点儿.

2. For each given sentence, first circle the correct answer, and then write the answer in a complete sentence in Chinese characters:

yige zhongtou 一个钟头

huǒchē zǒu 50 lǐ   qìchē zǒu 65 lǐ   chuán zǒu 45 lǐ
火车走50哩   汽车走65哩   船走45哩

(1)   Zuò chuán bǐ zuò huǒchē
        坐船比坐火车
        (A)   Màn.
                慢.
        (B)   Kuài.
                快.

        _____

(2)   Zuò huǒchē bǐ zuò chuán
        坐火车比坐船
        (A)   Kuài yìdiǎr.
                快一点儿.
        (B)   Kuài de duō.
                快得多.

        _____

(3)   Kāi qìchē bǐ zuò chuán
        开汽车比坐船
        (A)   Màn èrshí lǐ.
                慢二十哩.
        (B)   Kuài èrshí lǐ.
                快二十哩.

        _____

(4) Zuò huǒchē
     坐火车
     (A) Yǒu zuò qìchē nàme kuài.
          有坐汽车那么快.
     (B) Méi yǒu zuò qìchē nàme kuài.
          没有坐汽车那么快.

----

3. For each sentence, first circle the correct answer, and then
    translate the full sentence answer into English:

Měiguo yǒu liǎng bǎi duō nián   Zhōngguo yǒu wǔ qiān duō nián
de lìshǐ (history)   de lìshǐ (history).
美国有两百多年的历史   中国有五千多年的历史

(1) Zhōngguo lìshǐ bǐ Měiguo lìshǐ
     中国历史比美国历史
     (A) Cháng.
          长.
     (B) Duǎn.
          短.
     (C) chàbuduō cháng.
          差不多长.

----

(2) Zhōngguo lìshǐ bǐ Měiguo lìshǐ
     中国历史比美国历史
     (A) Hěn cháng.
          很长.
     (B) Cháng de duō.
          长的多.

----

(3)   Měiguo lìshǐ yǒu méi yǒu Zhōngguo lìshǐ nàme cháng?
       美国历史有没有中国历史那么长？
       (A)   Měiguo lìshǐ bù yǒu Zhōngguo lìshǐ nàme cháng.
              美国历史不有中国历史那么长．
       (B)   Měiguo lìshǐ méi yǒu Zhōngguo lìshǐ nàme
              cháng.
              美国历史没有中国历史那么长．
       (C)   Měiguo lìshǐ yǒu Zhōngguo lìshǐ nàme cháng.
              美国历史有中国历史那么长．

       ----

(4)   Měiguo gēn Zhōngguo něi yì guó dà?
       美国跟中国哪一国大？
       (A)   Zhè liǎng guó chàbuduō yíyàng dà.
              这两国差不多一样大．
       (B)   Zhè liǎng guó chàbuduō dà yíyàng.
              这两国差不多大一样．

       ----

(5)   Zhè liǎng guó něi yì guó rénkǒu duō?
       这两国哪一国人口多？
       (A)   Zhōngguo rénkǒu bǐ Měiguo duō duō le.
              中国人口比美国多多了．
       (B)   Zhōngguo rénkǒu bǐ Měiguo hěn duō.
              中国人口比美国很多．
       (C)   Zhōngguo rénkǒu bǐ Měiguo dà duō le.
              中国人口比美国大多了．

       ----

4. Referring to the graphics, first circle the correct answer for
    each sentence, and then write the answer in a complete sentence
    in Chinese characters:

yāzi 鸭子 'duck'   huǒjī 火鸡 'turkey'   jī 鸡 'chicken'

(1)   Yāzi, huǒjī gēn jī de jiàqián (price) yíyàng ma?
       鸭子，火鸡跟鸡的价钱一样吗？
       (A)   Yíyàng.
              一样.
       (B)   Bù yíyàng.
              不一样.

       _____

(2)   Jī bǐ yāzi ...
       鸡比鸭子 ...
       (A)   piányi yì máo bā fēn qián
              便宜一毛八分钱.
       (B)   guì yì máo bā fēn qián
              贵一毛八分钱.
       (C)   yì máo bā fēn qián piányi.
              一毛八分钱便宜.

       _____

(3)   Huǒjī bǐ ...
       火鸡比 ...
       (A)   yāzi yì máo èr fēn qián guì.
              鸭子一毛二分钱贵.
       (B)   jī guì yì máo èr fēn qián.
              鸡贵一毛二分钱.
       (C)   yāzi guì yì máo èr fēn qián.
              鸭子贵一毛二分钱.

       _____

MODULE TEN: FORMS AND PATTERNS FOR COMPARISON

Unit III: Differences in Events or Activities

Exercises

1. Referring to the graphics, first circle the correct answer for each sentence, and then translate the correct answer into English:

(1)   Zhè xiē máojīn bǐ cóngqián ...
      这些毛巾比从前 ...
      (A)   chàbuduō piányi yí bàn.
            差不多便宜一半.
      (B)   chàbuduō yí bàn piányi.
            差不多一半便宜.
      (C)   chàbuduō shǎo yí bàn.
            差不多少一半.

(2)   Wàzi de jiàqián shì cóngqián de ...
      袜子的价钱是从前的 ...
      (A)   sì-fēn-zhī-èr.
            四分之二.
      (B)   sì-fēn-zhī-yī.
            四分之一.
      (C)   sì-fēn-zhī-sān.
            四分之三.

(3) Lǐ xiānsheng 150 bàng   Lǐ tàitai 130 bàng
     zhòng, 5 chǐ 8 cùn gāo.   zhòng, 5 chǐ 3 cùn gāo.
     李先生150 磅重，5 呎 8   李太太130 磅重，5 呎 3
     时高.   时高.

(A) Lǐ tàitai ...
     李太太 ...
     (a) yǒu Lǐ xiānsheng nàme gāo.
          有李先生那么高.
     (b) méiyou Lǐ xiānsheng nàme gāo.
          没有李先生那么高.

(B) Lǐ tàitai bǐ Lǐ xiānsheng ...
     李太太比李先生 ...
     (a) zhòng èrshi bàng.
          重二十磅.
     (b) qīng èrshi bàng.
          轻二十磅.

----

(4) Zhè jǐ ge dìfang de wēndù (temperature) yíyàng ma?
     这几个地方的温度一样吗？
     (A) Yíyàng.
          一样.
     (B) Bù yíyàng.
          不一样.
     (C) Dōu bù yíyàng.
          都不一样.
     (D) Bù dōu yíyàng.
          不都一样.

Táiběi   台北....71
Táizhōng 台中....50
Táinán   台南....80
Gāoxióng 高雄....56
Píngdōng 屏东....60

----

(5) Něi ge dìfang de wēndù zuì gāo?
     哪个地方的温度最高？
     (A) Táinán   台南
     (B) Táizhōng   台中

----

(6) Táiběi de wēndù bǐ Táizhōng de ...
台北的温度比台中的 ...
(A) gāo èr shí yí dù.
高二十一度.
(B) dī èr shí yí dù.
低二十一度.
(C) èr shí yí dù gāo.
二十一度高.

----

(7) Táiběi de wēndù ...
台北的温度 ...
(A) yǒu Táinán de wēndù nàme gāo.
有台南的温度那么高.
(B) méiyou Táinán de wēndù nàme gāo.
没有台南的温度那么高.
(C) bù yǒu Táinán de wēndù nàme gāo.
不有台南的温度那么高.

----

2. Basing the information given, first circle the correct answer
for each sentence, and then write the answer in a complete
sentence in Chinese characters:

Lǐ xiānsheng měitiān zuò báge   Lǐ tàitai měitiān zuò shíge
zhōngtou de shì   zhōngtou de shì
李先生每天做八个钟头的事   李太太每天做十个钟头的事.

(1) Lǐ xiānsheng bǐ Lǐ tàitai ...
李先生比李太太 ...
(A) zuòshì shǎo.
做事少.
(B) zuòshì de shǎo.
做事得少.
(C) zuò shì zuò de shǎo.
做事做得少.

10-3-3

(2) Lǐ xiānsheng méiyou Lǐ tàitai ...
李先生没有李太太 ...
    (A)   zuò shì zuò de duō.
           做事做得多.
    (B)   zuò shì nàme duō.
           做事那么多.
    (C)   zuò shì zuò de shǎo.
           做事做得少.

    ----

(3) Měitiān Lǐ tàitai bǐ Lǐ xiānsheng ...
每天李太太比李先生 ...
    (A)   duō zuò liǎng ge zhōngtou de shì.
           多做两个钟头的事.
    (B)   zuò liǎngge zhōngtou de shì duō.
           做两个钟头的事多.
    (C)   zuò duō liǎng ge zhōngtou de shì.
           做多两个钟头的事.

    ----

(4) Měitiān Lǐ xiānsheng bǐ Lǐ tàitai ...
每天李先生比李太太 ...
    (A)   shǎo zuò shì liǎngge zhōngtou.
           少做事两个钟头.
    (B)   shǎo zuò liǎngge zhōngtou de shì.
           少做两个钟头的事.
    (C)   liǎngge zhōngtou shǎo zuò shì.
           两个钟头少做事.

MODULE TEN: FORMS AND PATTERNS FOR COMPARISON

Unit IV: Relative, Superlative, and Emphatic Degree

Exercises

1.   Referring to the graphics, first circle the correct answer for
      each sentence, and then translate your answer into English:

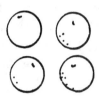

pútao 葡萄 'grapes'   júzi 橘子 'oranges'
     99¢ per pound   49¢ per pound

(1)   Nǐ xǐhuan chī pútao háishi xǐhuan chī júzi?
       你喜欢吃葡萄还是喜欢吃橘子?

       (A)   Wǒ xǐhuan chī pútao duō bǐ júzi.
              我喜欢吃葡萄多比橘子.
       (B)   Wǒ bǐjiao xǐhuan chī pútao.
              我比较喜欢吃葡萄.
       (C)   Wǒ xǐhuan chī pútao bǐ júzi duō.
              我喜欢吃葡萄比橘子多.

       ----

(2)   Shì pútao guì háishi júzi guì?
       是葡萄贵还是橘子贵?

       (A)   Pútao bǐ júzi piányi.
              葡萄比橘子便宜.
       (B)   Júzi bǐ pútao guì.
              橘子比葡萄贵.
       (C)   Pútao bǐ júzi guì.
              葡萄比橘子贵.

       ----

(3)   Júzi yǒu méiyou pútao nàme guì?

橘子有没有葡萄那么贵?

    (A)   Júzi yǒu pútao nàme guì.

            橘子有葡萄那么贵.

    (B)   Júzi méiyou pútao nàme guì.

            橘子没有葡萄那么贵.

    (C)   Júzi bǐ pútao guì.

            橘子比葡萄贵.

----

(4)   Júzi bǐ pútao ...

橘子比葡萄 ...

    (A)   guì wǔ máo qián.

            贵五毛钱.

    (B)   piányi wǔ máo qián.

            便宜五毛钱.

    (C)   shǎo wǔ máo qián.

            少五毛钱.

----

2.   Referring to the graphics, first circle the correct answer for each of the sentence, and then write your answer in a complete sentence in Chinese characters:

zuǒ biān 左边   zhōngjiān 中间   yòu biān 右边

'left'   'middle'   'right'

(1)   Zhè sān zhī gǒu ...

这三只狗 ...

    (A)   dōu yíyàng dà.

            都一样大.

    (B)   dōu bù yíyàng dà.

            都不一样大.

----

(2) Něi zhī gǒu zuì dà?
     哪只狗最大?
     (A)   Zuǒ biān de.
           左边的.
     (B)   Zhōngjiān de.
           中间的.
     (C)   Yòu biān de.
           右边的.

     ----

(3) Něi zhī gǒu zuì xiǎo?
     哪只狗最小?
     (A)   Yòu biān de.
           右边的.
     (B)   Zuǒ biān de.
           左边的.
     (C)   Zhōngjiān de.
           中间的.

     ----

(4) Zhè sān zhī gǒu nǐ xǐhuan něi yì zhī?
     这三只狗你喜欢哪一只?
     (A)   Wǒ bǐjiao xǐhuan yòu biān de.
           我比较喜欢右边的.
     (B)   Wǒ xǐhuan yòu biān de duō.
           我喜欢右边的多.
     (C)   Wǒ xǐhuan yòu biān de bǐ bié de duō.
           我喜欢右边的比别的多.

     ----

(5) Wèishénme?
     为甚么?
     (A)   Yīnwei yòu biān de gǒu bǐjiao hǎokàn.
           因为右边的狗比较好看.
     (B)   Yīnwei yòu biān de gǒu bǐ bié de gǒu hěn
           hǎokàn.
           因为右边的狗比别的狗很好看.

     ----

3.   Referring to the graphic, first circle the correct answer for each of the sentence, and then write your answer in a complete sentence in Chinese characters:

wēndù	温度	'temperature'
tiānqi	天气	'weather'
lěng	冷	'cold'
rè	热	'hot'
nuǎnhe	暖和	'nice and warm'
liángkuai	凉快	'nice and cool'
dōngbù	东部	'East region'
nánbù	南部	'South region'
xībù	西部	'West region'
běibù	北部	'North region'

(1)   Jīntiān Měiguo gè dì de wēndù yíyàng ma?
今天美国各地的温度一样吗？

(A)   Yíyàng.
一样．

(B)   Bù dōu yíyàng.
不都一样．

(C)   Dōu bù yíyàng.
都不一样．

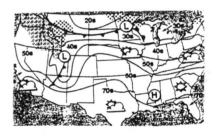

----

(2)   Běibù gēn dōngbù de tiānqi ...
北部跟东部的天气 ...

(A)   bǐjiao rè.
比较热．

(B)   bǐjiao lěng.
比较冷．

----

(3)   Xībù gēn nánbù de tiānqi ...
西部跟南部的天气 ...

(A)   bǐ běibu de nuǎnhe.
比北部的暖和．

(B)   yǒu běibu de nuǎnhe.
有北部的暖和．

----

(4)   Něibù de tiānqi zuì lěng?
        哪部的天气最冷？
   (A)   Nánbù.
            南部.
   (B)   Běibù.
            北部.
   (C)   Xībù.
            西部.

4.   Referring to the graphics, first translate each of the question
       into English, and then circle the correct answer:

yóuyǒng chí 游泳池
'swimming pool'

hǎi 海
'sea'

(1)   Zài yóuyǒng chí lǐ yóuyǒng de rén bǐ zài hǎi lǐ yóuyǒng
       de rén shǎo, duì ma?
       在游泳池里游泳的人比在海里游泳的人少，对吗？

       _____

   (A)   Duì.
            对.
   (B)   Bú duì.
            不对.

(2)   Zài nǎr yóuyǒng de rén bǐjiao duō?
       在哪儿游泳的人比较多？

       _____

   (A)   Zài yóuyǒng chí lǐ.
            在游泳池里.
   (B)   Zài hǎi lǐ.
            在海里.

(3)   Nǐ xǐhuan zài nǎr yóuyǒng?

你喜欢在哪儿游泳？

    (A)   Wǒ bǐjiao xǐhuan zài hǎi lǐ yóuyǒng.

             我比较喜欢在海里游泳．

    (B)   Wǒ xǐhuan zài hǎi lǐ yóuyǒng duō.

             我喜欢在海里游泳多．

(4)   Wèishénme?

为什么？

Yīnwei zài hǎi lǐ yóuyǒng bǐ zài yóuyǒng chí lǐ yóuyǒng...

因为在海里游泳比在游泳池里游泳...

    (A)   hěn yǒu yìsi.

             很有意思．

    (B)   yǒu yìsi de duō.

             有意思的多．

(5)   Fēijī yī ge zhōngtou fēi 750 gōnglǐ (kilometer), jiǎotàchē yī ge zhōngtou zǒu 20 gōnglǐ. Fēijī yī ge zhōngtou bǐ jiǎotàchē kuài háishi màn qī bǎi sān shí gōnglǐ?

飞机一个钟头飞750公里，脚踏车一个钟头走20公里。飞机一个钟头比脚踏车快还是慢七百三十公里？

    (A)   màn qī bǎi sān shí gōnglǐ.

             慢七百三十公里．

    (B)   kuài qī bǎi sān shí gōnglǐ.

             快七百三十公里．

MODULE ELEVEN: BǍ CONSTRUCTIONS

Unit I: Locative bǎ Constructions

1. For each of the following sentences, fill in the blanks with bǎ 把, the appropriate verb, and zài 在, in pīnyīn with tone marks and in Chinese characters:

(1) You should park your car in the garage.

Nǐ yīnggāi _____ nǐ de chē _____ _____ chēfáng lǐ.

你应该 _____ 你的车 _____ _____ 车房里.

(2) Put this TV in the living room!

_____ zhèi ge diànshì _____ _____ kètīng lǐ!

_____ 这个电视 _____ _____ 客厅里!

(3) Hurry up! Put these flowers in the big vase!

Kuài _____ zhèi xiē huār _____ _____ nà ge dà huāpíng lǐ!

快 _____ 这些花儿 _____ _____ 那个大花瓶里!

(4) It's better to put your money in the bank.

_____ qián _____ _____ yínháng lǐ bǐjiao hǎo.

_____ 钱 _____ _____ 银行里比较好.

(5) Please hang this painting on the lefthand wall.

Qǐng _____ zhèi zhāng huàr _____ _____ zuǒ biār de qiáng shàng.

请 _____ 这张画儿 _____ _____ 左边儿的墙上.

2. First, using Chinese characters, transform each of the following sentences into a negative sentence, and then translate your sentence into English.

(1) Wǒ bǎ ròu fàng zài bīngxiāng lǐ le.
我把肉放在冰箱里了.
(I put the meat in the refrigerator.)

----

(2) Nǐ kěyi bǎ chē tíng zài zhèr.
你可以把车停在这儿.
(You can park the car here.)

----

(3) Wǒ yào bǎ zhèi zhāng huàr guà zài shūfáng lǐ.
我要把这张画儿挂在书房里.
(I want to hang this painting in the study.)

----

(4) Wǒ bǎ huā zhòng zài dìxia le.
我把花种在地下了.
(I planted the flowers in the ground.)

----

(5) Tā bǎ zhèi jǐ pén huā bǎi zài yuànzi lǐ le.
他把这几盆花摆在院子里了.
(He put these pots of flowers in the yard.)

11-1-2

3. For each of the following sentences, fill in the blanks with bǎ 把, an appropriate verb, and either dào 到 or huí 回, depending on which is needed.

(1) My son drove my car to New York.

Wǒ érzi _____ wǒ de qìchē _____ _____ Niǔyuē qù le.

我儿子 _____ 我的汽车 _____ _____ 纽约去了.

(2) You cannot bring your dog to school.

Nǐ bù kěyi _____ nǐ de gǒu _____ _____ xuéxiào lái.

你不可以 _____ 你的狗 _____ _____ 学校来.

(3) I forgot to send his luggage to the airport.

Wǒ wàng le _____ tā de xíngli _____ _____ fēijī chǎng

qù le.

我忘了_____ 他的行李 _____ _____ 飞机场去了.

(4) Don't mail my check to my school.

Bié _____ wǒ de zhīpiào _____ _____ xuéxiào qù.

别 _____ 我的支票 _____ _____ 学校去.

(5) When did you move the table outside?

Nǐ shénme shíhou _____ zhuōzi _____ _____ wàitou lái

de ?

你什么时候 _____ 桌子 _____ _____ 外头来的?

(6) He pushed that boy into the lake.

Tā _____ nà ge nán háizi _____ _____ hú lǐ qù le.

他 _____ 那个男孩子_____ _____ 湖里去了.

4. For each sentence, circle the letter of the correct Chinese translation:

(1)   I didn't take her home.

   (A)   Wǒ bǎ tā méi sòng huí qù jiā.
          我把他没送回去家.
   (B)   Wo mei ba ta song hui jia qu.
          我没把他送回家去.

(2)   Don't drive my car to Boston!

   (A)   Bǎ wǒ de chē bié kāi dào Bōshìdūn qù!
          把我的车别开到波士顿去！
   (B)   Bie ba wo de che kai dao Boshidun qu!
          别把我的车开到波士顿去！

(3)   I forgot to bring my books home.

   (A)   Wǒ wàng le bǎ wǒ de shū dài huílái le.
          我忘了把我的书带回来了.
   (B)   Wo wang le dai wo de shu huilai le.
          我忘了带我的书回来了.

(4)   When do you plan to move your family here?

   (A)   Nǐ dǎsuan shénme shíhou bān jiā lái?
          你打算什么时候搬家来？
   (B)   Nǐ dǎsuan shénme shíhou bǎ jiā bān lái?
          你打算什么时候把家搬来？

(5)   May I move this TV to the study?

   (A)   Wǒ kěyi bǎ zhèi ge diànshì bān dào
          shūfáng qù ma?
          我可以把这个电视搬到书房去吗？
   (B)   Wǒ kěyi bān zhèi ge diànshì dào shūfáng ma?
          我可以搬这个电视到书房吗？

MODULE ELEVEN: BĂ CONSTRUCTIONS

Unit II: Double Noun Phrase bă Constructions

Exercises

1. For each of the following sentences, fill in the blanks with bă 把, the appropriate verb, and gěi 给, to make a grammatical translation of the English sentence:

   (1) Don't lend your book to him!

   Bié _____ nǐ de shū _____ _____ tā!

   别 _____ 你的书 _____ _____ 他！

   (2) Zhāng Sān returned the book to the libary.

   Zhāng Sān _____ shū _____ _____ túshūguǎn le.

   张三 _____ 书 _____ _____ 图书馆了.

   (3) Whom did you hand the letter to ?

   Nǐ _____ xìn _____ _____ shéi le?

   你 _____ 信 _____ _____ 谁了？

   (4) Please pass him the soy sauce!

   Qǐng _____ Jiàngyóu _____ _____ tā!

   请 _____ 酱油 _____ _____ 他！

   (5) I lost all my money to him.

   Wǒ _____ qián dōu _____ _____ tā le.

   我 _____ 钱都 _____ _____ 他了.

(6)   Don't tell other people my secret!

Bié _____ wǒ de mìmì _____ _____ bié rén!

别 _____ 我的秘密 _____ _____ 别人.

(7)   Who passed the news to my mother?

Shéi _____ zhèi ge xiāoxi _____ _____ wǒ mǔqin de?

谁 _____ 这个消息 _____ _____ 我母亲的?

(8)   Please send these flowers to my wife.

Qǐng _____ zhèi xiē huā _____ _____ wǒ tàitai.

请 _____ 这些花 _____ _____ 我太太.

(9)   After he died, he left all of his money to his dog.

Tā sǐ le yǐhou, tā _____ tā de qián dōu _____ _____
tā de gǒu le.

他死了以后，他 _____ 他的钱都 _____ _____ 他的狗了.

(10)   I didn't marry my daughter to his son.

Wǒ méi _____ wǒ de nǚer _____ _____ tā érzi.

我没 _____ 我女儿 _____ _____ 他儿子.

2.   Translate each of the following sentences into English, and
     then transform the sentence into a negative sentence in
     Chinese characters:

(1)   Zhāng Sān bǎ shū huán gěi lǎoshī le.
      张三把书还给老师了.

      ----

(2)   Yínháng bǎ qián jiè gěi tā le.
      银行把钱借给他了.

      _____

      _____

(3)   Wǒ yào bǎ fángzi mài gěi tā.
      我要把房子卖给他.

      _____

      _____

(4)   Wǒ bǎ zhèi ge xiāoxi gàosu tā le.
      我把这个消息告诉他了.

      _____

      _____

(5)   Wǒ bǎ nèi fēng xìn jiāo gěi tā le.
      我把那封信交给他了.

      _____

      _____

3.   For each sentence, fill in the blanks with bǎ 把, the
     appropriate verb, and -chéng 成 to form a grammatical
     translation of the English sentence:

(1)   Mother dyed her hair red.

      Māma _____ tā de tóufa _____ _____ hóng yǎnse le.

      妈妈 _____ 他的头发 _____ _____ 红颜色了.

(2)   Can you translate this book into Chinese?

      Nǐ néng _____ zhèi běn shū _____ _____ Zhōngwén ma?

      你能 _____ 这本书 _____ _____ 中文吗?

(3)   Students often write the character "住" for "往".

Xuésheng cháng _____ "zhù" zì _____ _____ "wàng" zì le.

学生常 _____ "住" 字 _____ _____ " 往" 字了.

(4)   How can we change water to ice?

Wǒmen zěnme néng _____ shuǐ _____ _____ bīng?

我们怎么能 _____ 水 _____ _____ 冰?

(5)   Divide this cake into eight pieces!

_____ zhèi ge dàngāo _____ _____ bá kuài!

_____ 这个蛋糕 _____ _____ 八块!

4.   For each of the following sentences, circle the letter of the correct Chinese translation:

(1)   Can you change a bad person into a good person?
        (A)   Nǐ néng bá yí ge bù hǎo de rén biàn chéng hǎo rén ma?
                你能把一个不好的人变成好人吗?
        (B)   Nǐ néng yí ge bù hǎo de rén biàn chéng hǎo rén ma?
                你能一个不好的人变成好人吗?
        (C)   Yí ge bù hǎo de ren nǐ neng biàn chéng yí ge hǎo ren ma?
                一个不好的人你能变成一个好人吗?

(2)   I cannot translate this sentence into Chinese.
        (A)   Wǒ bú huì fānyì zhèi ge jùzi chéng Zhōngwén.
                我不会翻译这个句子成中文.
        (B)   Wǒ bú huì bǎ zhèi ge jùzi fān chéng Zhōngwén.
                我不会把这个句子翻成中文.
        (C)   Wǒ bá zhèi ge jùzi bú huì fān chéng Zhōngwén.
                我把这个句子不会翻成中文.

(3)　　Don't pronounce the first tone like the second tone.
　　(A)　　Bié niàn dì yī shēng chéng dì èr shēng.
　　　　　　别念第一声成第二声.
　　(B)　　Bú yào niàn dì yī shēng chéng dì èr shēng.
　　　　　　不要念第一声成第二声.
　　(C)　　Bié bǎ dì yī shēng niàn chéng dì èr shēng.
　　　　　　别把第一声念成第二声.

5.　　For each of the following sentences, fill in the blanks with bǎ 把, the appropriate verb, and -zuò 做/作 to form a grammatical translation of the English sentence:

(1)　　Don't treat everyone as your enemy.

　　　Bié _____ rénrén dōu _____ _____ nǐ de dírén.

　　　别 _____ 人人都 _____ _____ 你的敌人.

(2)　　In China, husbands and wives call each other "airen."

　　　Zài Zhōngguo, rén _____ zìjǐ de zhàngfu huǒzhe qīzi

　　　_____ _____ àiren.

　　　在中国，人 _____自己的丈夫或者妻子 _____ _____ 爱人.

(3)　　Don't treat this matter as unimportant.

　　　Bié _____ zhèi jiàn shì _____ _____ bú yàojǐn de shì.

　　　别 _____ 这件事 _____ _____ 不要紧的事.

(4)　　How can you treat your wife as a servant?

　　　Nǐ zěnme néng _____ nǐ de tàitai _____ _____ yòngren?

　　　你怎么能 _____ 你的太太 _____ _____ 用人?

(5)　　I adopted that boy as my son.

　　　Wǒ _____ nèi ge nán háizi _____ _____ wǒ de érzi le.

　　　我 _____ 那个男孩子_____ _____ 我的儿子了.

6.   Using each of the following terms, make a sentence in Chinese characters:

   (1)   翻成：

          ----

   (2)   变成：

          ----

   (3)   借给：

          ----

   (4)   卖给：

          ----

   (5)   送给：

          ----

   (6)   告诉：

          ----

   (7)   还给：

          ----

   (8)   当作：

          ----

   (9)   染成：

          ----

   (10)   交给：

MODULE ELEVEN: BǍ CONSTRUCTIONS

Unit III: Complements in bǎ Constructions

Exercises

1. For each of the following sentences, first transform the non-bǎ 把 sentence into a bǎ 把 sentence, in Chinese characters, and then translate your sentence into English:

   (1) Tā shā le nèi ge rén.
       他杀了那个人．

       _____

       _____

   (2) Huǒ shāo le fángzi.
       火烧了房子．

       _____

       _____

   (3) Tāmen xiāomiè le dírén.
       他们消灭了敌人．

       _____

       _____

   (4) Nèi ge rén qiángjiān le yí ge nǚ háizi.
       那个人强奸了一个女孩子．

       _____

       _____

   (5) Wǒ wàng le tā de míngzi le.
       我忘了他的名字了．

       _____

       _____

(6)　　Tāmen tuīfān le nèi ge zhèngfǔ.
他们推翻了那个政府.

2.　　For each of the following English sentences, circle the
letter of the correct Chinese translation.

(1)　　Our teacher didn't cancel tomorrow's meeting.
(A)　　Wǒmen lǎoshī méiyǒu bǎ míngtiān de huì qǔxiāo.
我们老师没有把明天的会取消.
(B)　　Wǒmen lǎoshī bǎ míngtiān de huì méiyǒu qǔxiāo.
我们老师把明天的会没有取消.

(2)　　He killed all his dogs.
(A)　　Tā dōu shā le tā de gǒu.
他都杀了他的狗.
(B)　　Tā bǎ tā de gǒu dōu shā le.
他把他的狗都杀了.

(3)　　The guests drank all the wine.
(A)　　Kèren dōu hē jiǔ le.
客人都喝酒了.
(B)　　Kèren bǎ jiǔ dōu hē le.
客人把酒都喝了.

(4)　　He sold all his Chinese books.
(A)　　Tā dōu mài le tā de Zhōngwén shū.
他都卖了他的中文书.
(B)　　Tā bǎ tā de Zhōngwén shū dōu mài le.
他把他的中文书都卖了.

(5)　　I forgot all the characters that I studied yesterday.
(A)　　Wǒ bǎ wǒ zuótiān xué de zì dōu wàng le.
我把我昨天学的字都忘了.
(B)　　Wǒ dōu wàng le wǒ zuótiān xué de zì.
我都忘了我昨天学的字.

3. For each of the following, fill in the blanks in pīnyīn with tone marks and Chinese characters, with the appropriate word(s) to form a grammatical translation of the English sentence:

(1) He took my dictionary away.

Tā ____ wǒ de zìdiǎn ____ ____ ____.

他 ____ 我的字典 ____ ____ ____.

(2) Please bring your Chinese book(s) here tomorrow.

Míngtiān qǐng ____ nǐmen de Zhōngwén shū ____ ____.

明天请 ____ 你们的中文书____ ____.

(3) I didn't bring my boyfriend here.

Wǒ méi(yǒu) ____ wǒ de nán péngyou ____ ____.

我没（有）____ 我的男朋友 ____ ____.

(4) He took away all my beer.

Tā ____ wǒ de píjiǔ dōu ____ ____ ____.

他 ____ 我的啤酒都____ ____ ____.

(5) My son drove my car away.

Wǒ érzi ____ wǒ de chē ____ ____ ____.

我儿子____ 我的车 ____ ____ ____.

4. For each English sentence, circle the letter of the correct Chinese translation:

(1)   He took the book away.
    (A)   Tā ná shū zǒu le.
            他拿书走了.
    (B)   Tā bǎ shū ná zǒu le.
            他把书拿走了.

(2)   We brought our notebooks here.
    (A)   Wǒmen dài wǒmen de bǐjì běn lái le.
            我们带我们的笔记本来了.
    (B)   Wǒmen bǎ wǒmen de bǐjì běn dài lái le.
            我们把我们的笔记本带来了.

(3)   Bring all your money here!
    (A)   Bǎ nǐ de qián dōu ná lái!
            把你的钱都拿来!
    (B)   Dōu ná nǐ de qián lái!
            都拿你的钱来!

(4)   Mother bought the meat (and came back).
    (A)   Māma bǎ ròu mǎi lái le.
            妈妈把肉买来了.
    (B)   Māma mǎi ròu lái le.
            妈妈买肉来了.

(5)   The mailman delivered the mail (here).
    (A)   Yóuchāi sòng xìn lái le.
            邮差送信来了.
    (B)   Yóuchāi bǎ xìn sòng lái le.
            邮差把信送来了.

(6)   He bought a car.
    (A)   Tā mǎi chē lái le.
            他买车来了.
    (B)   Tā bǎ chē mǎi lái le.
            他把车买来了.

(7)   He drove the car here.
    (A)   Tā bǎ chē kāi lái le.
            他把车开来了.
    (B)   Tā kāi chē lái le.
            他开车来了.

(8)   Mr. Zhang came to get his things.
    (A)   Zhāng xiānsheng qǔ tā de dōngxi lái le.
            张先生取他的东西来了.
    (B)   Zhāng xiānsheng bǎ tā de dōngxi qǔ lái le.
            张先生把他的东西取来了.

5. In the space provided, enter the English counterpart for each
    of the Chinese compound directional complements below:

___	guòlái	过来	(1)	up--toward the speaker
___	guòqù	过去	(2)	down--toward the speaker
___	jìnlái	进来	(3)	over--toward the speaker
___	chūqù	出去	(4)	enter--toward the speaker
___	shànglái	上来	(5)	return--away from the speaker
___	xiàlái	下来	(6)	exit--away from the speaker
___	huílái	回来	(7)	over--away from the speaker
___	qǐlái	起来	(8)	return--toward the speaker
___	huíqù	回去	(9)	bring up, get up
___	chūlái	出来	(10)	exit--toward the speaker

6. Transform each of the following non-bǎ 把 sentences into a
    bǎ 把 sentence, in Chinese characters, and translate your
    sentence into English:

(1)   Gǎn nèi xiē rén chūqù!
        赶那些人出去!

        ----

(2)   Jiǎn qǐlái dìxia de dōngxi!
        捡起来地下的东西!

        ----

(3)   Qǐng dàjiā tí chūlai wèntí tǎolùn.
        请大家提出来问题讨论.

        ----

(4)   Bān jìnlái wàimian de huā(r)!
        搬进来外面的花(儿)!

        ----

(5)   Nǐ shénme shíhou kāi chē huílái?
你甚么时候开车回来？

_____

_____

7.   Fill in each of the blanks in <u>pīnyīn</u> with tone marks and Chinese characters, with the appropriate Directional Complement:

(1)   Zuótiān māma mǎi ____ ____le yì tiáo yú. Tā wàng le

bǎ nèi tiáo yú fàng ____ bīngxiāng lǐ ____ le. Wǒmen

de māo kànjiàn le, jiù bǎ nèi tiáo yú chī ____ ____le.

昨天妈妈买 ____ ____了一条鱼．她忘了把那条鱼放 ____

冰箱里 ____ 了，我们的猫看见了，就把那条鱼吃 ____

____了．

(2)   Māma zài lóushàng jiào wǒmen bǎ lóuxià de dà yǐzi bān

dào lóu ____ ____, bǎ lóushàng de xiǎo shāfā bān dào

lóu ____ ____, bǎ kètīng lǐ de sì bǎ yǐzi bān ____

____ (out), zài bǎ yuànzi lǐ de zhuōzi bān ____

____ (in).

妈妈在楼上叫我们把楼下的大椅子搬到楼 ____ ____，把楼上

的小沙发搬到楼 ____ ____，把客厅里的四把椅子搬 ____

____ ，再把院子里的桌子搬 ____ ____．

8. Based on the English sentences, complete each of the following Chinese sentences (in pīnyīn with tone marks and Chinese characters), with the appropriate actual resultative complement.

(1)   I bought everything you wanted me to buy.

Nǐ yào wǒ mǎi de dōngxi wǒ dōu mǎi _____ _____ _____.

你要我买的东西我都买 _____ _____ _____.

(2)   Please lock the door.

Qǐng bǎ mén suǒ _____.

请把门锁 ____.

(3)   You scared me to death.

Nǐ bǎ wǒ xià _____ _____.

你把我吓 _____ _____.

(4)   Dr. Ma brought that person back to life.

Mǎ dàifu bǎ nèi ge rén jiù ____ ____.

马大夫把那个人救 ____ ____.

(5)   After you fix the car, go home!

Nǐ bǎ chē xiū ____ ____ jiù huí jiā!

你把车修 ____ ____ 就回家!

(6)   Don't break my computer.

Bié bǎ wǒ de diànnǎo nòng ____ ____.

别把我的电脑弄 ____ ____.

(7)   Sorry, I broke the glass.

Duìbuqǐ, wǒ bǎ nèi ge bēizi dǎ _____ _____.

对不起，我把那个杯子打_____ _____.

(8)   You wrote my address wrong.

Nǐ bǎ wǒ de dìzhǐ xiě _____ _____.

你把我的地址写 _____ _____.

(9)   Can you remember all the characters you learned
today?

Nǐ néng bǎ jīntiān xué de shēngzì dōu jì ____ ma?

你能把今天学的生字都记 ____ 吗?

(10)   Please open the window!

Qǐng bǎ chuānghu kāi ____!

请把窗户开 ____!

(11)   Don't separate these two sisters.

Bié bǎ nèi liǎng ge jiěmèi fēn ____.

别把那两个姐妹分 ____.

(12)   He read until his eyes got tired.

Tā bǎ yǎnjing kàn ____ ____ .

他把眼睛看____ ____.

(13)   We woke him up (by calling him).

Wǒmen bǎ tā jiào _____ ____.

我们把他叫____ ____.

(14)   That child shouted until his throat became hoarse.

Nèi ge háizi bǎ sǎngzi jiào ____ ____ .

那个孩子把嗓子叫____ ____ .

(15)   He cried so much his eyes became red.

Tā bǎ yǎnjing kū ____ ____ .

他把眼睛哭 ____ ____ .

9.   First transform each of the following non-bǎ 把 sentences
     into a bǎ 把 sentence in Chinese characters, and then
     translate your sentence into English:

(1)   Wǒ xiě wán le yì fēng xìn.
      我写完了一封信.

      ----

(2)   Māma yǐjing zuò hǎo le fàn.
      妈妈已经做好了饭.

      ----

(3)   Jīntiān de shì wǒ dōu zuò wán le.
      今天的事我都做完了.

      ----

(4)   Shéi suǒ shàng le dàmén?
      谁锁上了大门?

      ----

(5)   Shéi dǎ pò le zhèi ge huāpíng?
       谁打破了这个花瓶？

       ----

10.   First, form the negative of each of the following sentences
       in Chinese characters, and then translate your sentence into
       English:

(1)   Wǒ bǎ zhèi ge zì xiěcuò le.
       我把这个字写错了．

       ----

(2)   Tā bǎ léngqì kāikāi le.
       他把冷气开开了．

       ----

(3)   Bàba bǎ qìchē xiūhǎo le.
       爸爸把汽车修好了．

       ----

(4)   Wǒmen chū lái yǐqian bǎ mén guān shàng le.
       我们出来以前把门关上了．

       ----

(5)   Dìdi bǎ jīntiān de gōngkè zuò wán le.
       弟弟把今天的功课作完了．

       ----

11. Based on the English, complete each of the following Chinese
    sentences, in pīnyīn with tone marks and in Chinese characters,
    with the appropriate descriptive complement.

    (1)   He cleaned his car thoroughly.

            Tā bǎ chē xǐ de zhēn _____ _____ .

            他把车洗得真 _____ _____.

    (2)   The reporter reported this (piece of) news clearly.

            Bàogào yuán bǎ zhèi tiáo xīnwén bàogào de hěn _____

            _____.

            报告员把这条新闻报告得很 _____ _____.

    (3)   He really messed up this matter.

            Tā bǎ zhèi jiàn shì nòng de _____ _____ _____ _____.

            他把这件事弄得 _____ _____ _____ _____.

    (4)   How could you make the room so messy?

            Nǐ zénme bǎ wūzi nòng de _____ _____ _____ _____?

            你怎么把屋子弄得 _____ _____ _____ _____?

    (5)   He made me so angry that I could die!

            Tā bǎ wǒ qì de _____ _____!

            他把我气得 _____ _____!

    (6)   You have to write the characters neatly.

            Nǐ déi bǎ zì xiě _____ _____ _____ _____.

            你得把字写 _____ _____ _____ _____.

(7)   Next time, you should state your idea clearly.

Xià cì nǐ yīnggāi bǎ nǐ de yìsi shuō _____ _____.

下次你应该把你的意思说 _____ _____.

(9)   I've already stated my conditions very clearly to you.

Wǒ yǐjing bǎ wǒ de tiáojiàn duì nǐ shuō de hěn _____

_____ _____.

我已经把我的条件对你说得很 _____ _____ _____.

(10)   He didn't leave things in good order.

Tā méiyǒu bǎ dōngxi fàng _____ _____ _____ _____.

他没有把东西放 _____ _____ _____ _____.

12.   Complete each of the following Chinese sentences with an
        appropriate quantified expression to form a grammatical
        translation of the English sentence:

        (1)   I have read over this lesson's vocabulary a few times.

                Wǒ bǎ zhèi kè shēngzì niàn le _____ _____ _____.

                我把这课生字念了_____ _____ _____.

        (2)   He took a bite out of this piece of meat and then did
                not want to eat it any more.

                Tā bǎ zhèi kuài ròu chī le _____ _____ jiù bù chī le.

                他把这块肉吃了_____ _____ 就不吃了.

        (3)   I thought about the matter one more time.

                Wǒ bǎ nèi jiàn shì yòu xiǎng le _____ _____.

                我把那件事又想了_____ _____.

(4)   Write that character ten more times.

Bǎ nèi ge zì zài xiě _____ _____.

把那个字再写 _____ _____.

13.   First transform each of the following sentences into a bǎ 把
sentence, either in pinyin with tone marks or in Chinese
characters, and then translate your sentence into English:

(1)   Wǒ xiǎng gēn nǐ tántan zhèi jiàn shì.
我想跟你谈谈这件事.

----

(2)   Qǐng nǐ gěi wǒmen jièshao jièshao zhèi ge dìfang.
请你给我们介绍介绍这个地方.

----

(3)   Wǒmen yīnggāi tǎolun tǎolun zhèi jiàn shìqing.
我们应该讨论讨论这件事情.

----

(4)   Nǐ xiān zǐxì kànkan zhèi běn shū zài pīpíng.
你先仔细看看这本书再批评.

----

(5)   Nǐ shuōshuo nǐ de kùnnán.
你说说你的困难.

MODULE TWELVE: THE BÈI CONSTRUCTION AND RELATED JIÀO, RÀNG, GĚI CONSTRUCTIONS

Unit I: Bèi Constructions

Exercises

1. First transform each of the following sentences into a bèi
    被 sentence, in Chinese characters, and then translate your
    sentence into English:

    (1)   Wáng tàitai mà le Wáng xiānsheng.
          王太太骂了王先生.

          ----

    (2)   Zuò zhe de rén bǎ zhàn zhe de rén de qián ná zǒu le.
          坐着的人把站着的人的钱拿走了.

          ----

    (3)   Xiǎo Míng piàn le Měiyīng.
          小明骗了美英.

          ----

(4)   Māma xià le yí tiào.
妈妈吓了一跳.

----

(5)   Nèi ge rén kǎn le yì kē shù.
那个人砍了一棵树.

----

(6)   Huózi tōu dào le yí ge táozi.
猴子偷到了一个桃子.

2.	First, form the negative of the following sentences in Chinese characters, and then translate your sentences into English:

(1)	Nèi ge háizi de tóu bèi māo zhuā pò le.
	那个孩子的头被猫抓破了.

	---

(2)	Nèi ge píngguǒ bèi chóng chī le.
	那个苹果被虫吃了.

	-----------------------------------

(3)	Nèi zhāng zhuōzi bèi rén nòng huài le.
	那张桌子被人弄坏了.

	-----------------------------------

(4)	Wǒmen de dōngxi dōu bèi rén bān zǒu le.
	我们的东西都被人搬走了.

	---

(5)   Xiǎo dìdi bèi xiǎo niǎo chǎo xǐng le.
小弟弟被小鸟吵醒了.

_____

_____

(6)   Pánzi lǐ de cài shì bèi xiǎo mèimei dǎ fān de.
盘子里的菜是被小妹妹打翻的.

_____

_____

MODULE TWELVE: THE BÈI CONSTRUCTION AND RELATED JIÀO, RÀNG, GĚI
CONSTRUCTIONS

Unit II: Bèi Versus Bǎ Construction

Exercises

1. For each of the following sentences, first translate the
    sentence into English, and then circle the letter of the
    correct answer.

    (1)   Wǒ mǎi dào le nǐ yào wǒ mǎi de dōngxi.
           我买到了你要我买的东西.

           (A)   Wǒ bǎ nǐ yào wǒ mǎi de dōngxi mǎi dào le.
                  我把你要我买的东西买到了.
           (B)   Nǐ yào wǒ mǎi de dōngxi bèi wǒ mǎi dào le.
                  你要我买的东西被我买到了.

    (2)   Wǒ zuò wán le gōngkè le.
           我作完了功课了.

           (A)   Gōngkè bèi wǒ zuò wán le.
                  功课被我作完了.
           (B)   Wǒ bǎ gōngkè zuò wán le.
                  我把功课作完了.

    (3)   Yí ge rén tōu zǒu le tā de chē.
           一个人偷走了他的车.

           (A)   Yí ge rén bǎ tā de chē tōu zǒu.
                  一个人把他的车偷走.
           (B)   Tā de chē bèi yí ge rén tōu zǒu le.
                  他的车被一个人偷走了.

12-2-1

(4)   Huā dōu shài sǐ le.
　　　　花都晒死了.

　　　　(A)   Huā dōu bèi shài sǐ le.
　　　　　　　花都被晒死了.
　　　　(B)   Bǎ huā dōu shài sǐ le.
　　　　　　　把花都晒死了.

(5)   Shù dōu kǎn le.
　　　　树都砍了.

　　　　(A)   Bǎ shù dōu kǎn le.
　　　　　　　把树都砍了.
　　　　(B)   Shù dōu bèi kǎn le.
　　　　　　　树都被砍了.

2.   Referring to the graphics, for each of the following, first place either an 'A' for Agent or 'R' for Receiver, under the underlined noun phrase; then insert either bèi 被 or bǎ 把 in the blank to form a correct Chinese sentence.

1   Xiǎo háizi gēn xiǎo māo xià le māma yí tiào.
　　　小孩子跟小猫吓了妈妈一跳.

　　　(A)   Shéi _____ māma xià le yí tiào?
　　　　　　　　　　( )
　　　　　　　谁 _____ 妈妈吓了一跳?
　　　　　　　　　( )
　　　　　　　Xiǎo háizi gēn xiǎo māo _____ māma xià le yí
　　　　　　　　　　( )　　　　　　　　( )
　　　　　　　tiào.

　　　　　　　小孩子跟小猫 _____ 妈妈吓了一跳.
　　　　　　　　( )　　　　　　　( )

(B)　　　Māma _____ shéi xià le yí tiào?
　　　　　( )　　　　( )

　　　　妈妈 _____ 谁吓了一跳?
　　　　( )　　　　( )

　　　　Māma _____ xiǎo háizi gēn xiǎo māo xià le yí
　　　　( )　　　　( )

　　　　tiào.
　　　　妈妈 _____ 小孩子跟小猫吓了一跳.
　　　　( )　　　　( )

(2)　　Xiǎo niǎo chǎo xǐng le xiǎo dìdi.
　　　　小鸟吵醒了小弟弟.

(A)　　　Xiǎo dìdi _____ shénme chǎo xǐng le?
　　　　　( )

　　　　小弟弟 _____ 什么吵醒了?
　　　　( )

　　　　Xiǎo dìdi _____ xiǎo niǎo chǎo xǐng le.
　　　　( )　　　　　( )

　　　　小弟弟 _____ 小鸟吵醒了.
　　　　( )　　　　( )

(B)　　　Shénme _____ xiǎo dìdi chǎo xǐng le?
　　　　　　　　　　( )

　　　　什么 _____ 小弟弟吵醒了?
　　　　　　　　　( )

　　　　Xiǎo niǎo _____ xiǎo dìdi chǎo xǐng le.
　　　　( )　　　　　( )

　　　　小鸟 _____ 小弟弟吵醒了.
　　　　( )　　　　( )

(3)   Mìfēng (bee) zhē (sting) le nèi ge nán háizi.

蜜蜂蜇了那个男孩子．

Nèi ge nán háizi wèi shénme kū?
那个男孩子为什么哭？

Yīnwei tā _____ mìfēng zhē le.
        ( )   ( )
因为他 _____ 蜜蜂蜇了．
      ( )   ( )

(4)   Jǐngchá (police) dàibǔ (arrest) le yí ge huài rén.
警察逮捕了一个坏人．

(A)   Nèi ge huài rén _____ shénme rén dàibǔ le?
                      ( )
      那个坏人 _____   什么人逮捕了？
              ( )
      Nèi ge huài rén _____ jǐngchá dàibǔ le?
                      ( )   ( )
      那个坏人 _____ 警察逮捕了．
              ( )   ( )

(B)   Shéi _____ nèi ge huài rén dàibǔ le?
           ( )
      谁 _____ 那个坏人逮捕了？
         ( )
      Jǐngchá _____ nèi ge huài rén dàibǔ le.
             ( )   ( )
      警察 _____ 那个坏人逮捕了．
          ( )   ( )

(5) Fēng chuī huài le sǎn (umbrella).
风吹坏了伞.

(A) Shénme _____ sǎn chuī huài le?
          ( )

什么 _____ 伞吹坏了?
        ( )

Fēng _____ sǎn chuī huài le.
( )   ( )

风 _____ 伞吹坏了.
( )   ( )

(B) Sǎn _____ shénme chuī huài le?
     ( )

伞 _____ 什么吹坏了?
( )

Sǎn _____ fēng chuī huài le.
( )   ( )

伞 _____ 风吹坏了.
( )   ( )

(6) Zhuōzi nòng huài le.
桌子弄坏了.

(A) Shéi _____ zhuōzi nòng huài le?
                 ( )

谁 _____ 桌子弄坏了?
              ( )

Nèi liǎng ge rén _____ zhuōzi nòng huài le.
                   ( )   ( )

那两个人 ___ 桌子弄坏了.
      ( )   ( )

(B)   <u>Zhuōzi</u> _____ shénme <u>rén</u> nòng huài le?
    ( )

<u>桌子</u>_____ 什么<u>人</u>弄坏了?
    ( )

<u>Zhuōzi</u> _____ nèi liǎng ge <u>rén</u> nòng huài le.
    ( )   ( )

<u>桌子</u> _____ 那两个<u>人</u>弄坏了.
  ( )   ( )

(7)   <u>Shù</u> dōu kǎn guāng (cut all down) le.
树都砍光了.

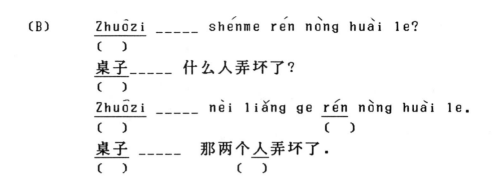

(A)   <u>Shù</u> wèi shénme dōu méiyǒu le?
树为什么都没有了?

Yīnwei dōu ____ <u>rén</u> kǎn guāng le.
        ( )

因为都 ____ <u>人</u>砍光了.
     ( )

(B)   Shénme <u>rén</u> _____ <u>shù</u> dōu kǎn kuāng le?
           ( )

什么<u>人</u> ____ <u>树</u>都砍光了?
       ( )

Wǒ yě bù zhīdao shénme <u>rén</u> _____ <u>shù</u> dōu kǎn

guāng le.

我也不知道什么<u>人</u> _____ <u>树</u>都砍光了.
       ( )   ( )

(8)   Tā de nán péngyou piàn le tā.
她的男朋友骗了他.

(A)   <u>Tā</u> _____ shéi piàn le?
       (   )

       <u>她</u> _____ 谁骗了?
       (   )

       <u>Tā</u> _____ <u>tā de nán péngyou</u> piàn le?
       (   )   (   )

       <u>她</u> _____ <u>她的男朋友</u>骗了.
       (   )   (   )

(B)   <u>Shéi</u> _____ <u>tā</u> piàn le?
                      (   )

       <u>谁</u> _____ <u>她</u>骗了?
                  (   )

       <u>Tā de nán péngyou</u> ___ <u>tā</u> piàn le.
                          (   )   (   )

       <u>她的男朋友</u> _____ <u>她</u>骗了.
       (   )   (   )

3.   In the blanks below, insert either <u>bèi</u> 被 or <u>bǎ</u> 把, depending
      on which is needed, to make a grammatical Chinese sentence.

Speaker A: Shùlín lǐ yǒu yì zhī lǎohu _____ dǎ sǐ le.

              树林里有一只老虎 ____ 打死了.

Speaker B: Shénme rén ____ lǎohu dǎ sǐ le?

              什么人 ____ 老虎打死了?

Speaker A: Tīng shuō shì yí ge nánrén ____ lǎohu dǎ sǐ de.

              听说是一个男人 ____ 老虎打死的

12-2-7

Speaker B: Nèi ge nánrén wèi shénme yào ____ lǎohu dǎ sǐ ne?

那个男人为什么要 ____ 老虎打死呢？

Speaker A: Yīnwei tā pài nèi ge lǎohu huì chī rén, suǒyi děi ____ tā dǎ sǐ.

因为他怕那个老虎会吃人，所以得 ____ 他打死.

Speaker B: Nèi ge lǎohu méiyǒu yá, bú huì chī rén de.

那个老虎没有牙，不会吃人的.

Speaker A: Zhēn de ma? Nà zhēn kěxī, yì zhǐ bú huì chī rén de lǎohu ____ rén dǎ sǐ le.

真的吗？那真可惜，一只不会吃人的老虎 ____ 人打死了.

4. In the space provided, write a story describe the picture below in Chinese characters:

MODULE TWELVE: THE BÈI CONSTRUCTION AND RELATED JIÀO, RÀNG, GĚI CONSTRUCTIONS

Unit III: The Jiào, Ràng, and Gěi Construction

Exercise

For each of the following sentences, first fill in the blank with either bèi 被, jiào 叫, ràng 让, gěi 给, or bǎ 把, depending on which is needed, and then translate the sentences into English. In some sentences, several marker options are available. List all the possibilities:

(1)   Nèi ge xiǎo háizi wèishénme kū le?

        那个小孩子为什么哭了？

        Yīnwei tā ____/____/____ mìfēng (gěi) zhē le.

        因为他 ____/____/____ 蜜蜂（给）蜇了．

        _____

(2)   Fángzi ____ shāo le.

        房子____ 烧了．

        _____

(3)   Nèi ge huài rén _____ dàibǔ le.

        那个坏人 ____ 逮捕了．

        _____

(4)　　Liǎng ge jǐngchá ____ huài rén dàibǔ le.

两个警察 ____ 坏人逮捕了.

----

(5)　　Zhèi ge nǚ háizi ____ piàn le.

这个女孩子____ 骗了.

----

(6)　　Māma wèn tā ____/____/____ shéi piàn le?

妈妈问他 ____/____/____ 谁骗了?

----

(7)　　Nèi ge rén kuài ____ yānsǐ (drown) le.

那个人快 ____ 淹死了.

----

(8)　　Tā ____ shù kǎn le.

他 ____ 树砍了.

----

(9)   Shù dōu ____/____/____ rén(gěi) kǎn le.

树都____/____/____人（给）砍了.

----

(10)   Shuǐ ____ fángzi yān le.

水 ____ 房子淹了.

----

(11)   Fángzi _____/_____/_____ shuǐ (gěi) yān le.

房子____/____/____水（给）淹了.

----

(12)   Nèi ge háizi de màozi _____ chū zǒu le.

那个孩子的帽子____ 吹走了.

----

(13)   Nèi ge háizi de sǎn ____/____/____fēng (gěi) chū huài le.

那个孩子的伞____/____/____ 风（给）吹坏了.

----

(14)   Tā wèishénme ____ xià le yí tiào?

他为什么____ 吓了一跳?

(15)   Tàiyang ____ huā shài sǐ le.

太阳 ____ 花晒死了.

----

(16)   Huā ____/____/____ táiyang (gěi) shài sǐ le.

花 ____/____/____ 太阳（给）晒死了.

----

(17)   Nèi ge háizi wèishénme kū le?
那个孩子为什么哭了?

Yīnwei tā de tóufa ____ nèi ge rén jiǎn huài le.

因为他的头发 ____ 那个人剪坏了.

MODULE THIRTEEN: THE SHÌ ... DE CONSTRUCTION

Unit I: Shì...de with Past Events

Exercise

For each of the following sentences, first fill in the blanks with
le 了, or de 的, and then translate the sentence into English:

(1)

Speaker A: Zhāng sān dào Měiguo lái ____.
张三到美国来 ____.

Speaker B: Zhēn de ma? Tā shì shénme shíhou lái ____?
真的吗？他是什么时候来 ____?

Speaker A: Tā shì zuótiān wǎnshang lái ____.
他是昨天晚上来 ____.

Speaker B: Zuótiān wǎnshang jǐ diǎn zhōng lái ____?
昨天晚上几点钟来 ____?

Speaker A: Wǒ bú dà qīngchu, yěxǔ shì sān diǎn zhōng lái
____.
我不大清楚，也许是三点钟来 ____.

Speaker B: Tā shì zěnme lái ____?
他是怎么来 ____?

Speaker A: Tā shì zuò fēijī lái ____.
他是坐飞机来 ____.

----

(2)

Speaker A: Wǒmen mǎi ____ yí liàng qìchē.
             我们买 ____ 一辆汽车.

Speaker B: Zài nǎr mǎi ____?
             在哪儿买 ____ ?

Speaker A: Zài Bōshìdùn mǎi ____.
             在波士顿买____.

Speaker B: Nǐ mǎi chē de qián shì cóng nǎr lái ____?
             你买车的钱是从哪儿来 ____?

Speaker A: Shì jiè lái ____.
             是借来 ____.

Speaker B: Gēn shéi jiè ____?
             跟谁借 ____?

Speaker A: Gēn wǒ fùmù jiè ____.
             跟我父母借 ____.

----

(3)

Speaker A: Nǐ jié hūn ____ ma?
             你结婚 ____ 吗?

Speaker B: Jié hūn ____.
             结婚 ____.

Speaker A: Nǐmen ____ zài nǎr rènshi ____?
             你们 ____ 在哪儿认识 ____?

Speaker B:　Zài túshūguǎn rènshi ____.
　　　　　　在图书馆认识 ____.

Speaker A:　Nǐmen ____ zài jiàotáng (church) Jié hūn ____
　　　　　　ma?
　　　　　　你们 ____ 在教堂结婚 ____ 吗?

Speaker B:　Bú ____ zài jiàotáng Jié hūn ____; ____ zài
　　　　　　gōngyuán Jié hūn ____.
　　　　　　不 ____ 在教堂结婚 ____; ____ 在公园结婚 ____.

----

(4)
Speaker A:　Nǐ dàxué bìyè ____ ma?
　　　　　　你大学毕业 ____ 吗?

Speaker B:　Bìyè ____.
　　　　　　毕业____.

Speaker A:　Nǐ shì něi nián bìyè ____?
　　　　　　你是哪年毕业 ____?

Speaker B:　Wǒ shì 1962 nián bìyè ____.
　　　　　　我是一九六二年毕业 ____.

Speaker A:　Nǐ shì Wèisīlǐ xuéyuàn (Wellesley College)
　　　　　　bìyè ____ ma?
　　　　　　你是卫斯理学院毕业 ____ 吗?

Speaker B:　Bú ____, wǒ _____ Sīmìsī xuéyuàn (Smith
　　　　　　College) bìyè ____.
　　　　　　不 ____, 我 ____ 斯密斯学院毕业 ____.

----

(5)

Speaker A: Nǐ zhèi běn shū ____ lái ____?
你这本书是 ____ 来 ____?

Speaker B: ____ péngyou sòng gěi wǒ ____.
____ 朋友送给我 ____.

Speaker A: Zhèi běn shū ____ shéi xiě ____?
这本书 ____ 谁写 ____?

Speaker B: ____ wǒ péngyou de fùqin xiě ____.
____ 我朋友的父亲写 ____.

Speaker A: ____ nǎr chūbǎn ____?
____ 哪儿出版 ____?

Speaker B: Zài Zhōngguo chūbǎn ____.
在中国出版 ____.

Speaker A: ____ něi ge shūjú chūbǎn ____?
____ 哪个书局出版 ____?

Speaker B: ____ Shìjie shūjú chūbǎn ____.
____ 世界书局出版 ____.

MODULE THIRTEEN: THE SHÌ ... DE CONSTRUCTION

Unit II: Shì...de with Presupposition

Exercises

1. In the space provided , indicate whether the sentence is a
    past event (PE) or a presupposition (P); then translate the
    sentence into English:

___ (1) Tā shì 1993 nián qù de Běijīng.
        他是一九九三年去的北京.

___ (2) Zhèi ge bàogào shì wǒmen xiě de.
        这个报告是我们写的.

___ (3) Tā shuō de huà shì bú huì cuò de.
        他说的话是不会错的.

___ (4) Tā bú shì dào Měiguo lái niàn shū de.
        他不是到美国来念书的.

___ (5) Nǐ zhèi yàng zuò, shì bú huì yǒu rén xǐhuan nǐ de.
        你这样作，是不会有人喜欢你的.

___ (6) Wǒ bú shì zài tā jiā kànjiàn tā de.
        我不是在他家看见他的.

___ (7) Wǒ shì gēn nǐ kāi wánxiào de, bié shēngqì.
        我是跟你开玩笑的，别生气.

___ (8) Zuò fēijī shì hěn wēixiǎn de.
坐飞机是很危险的.

___ (9) Tā nèi běn shū bù kénéng shì qùnián chūbǎn de.
他那本书不可能是去年出版的.

___ (10) Nǐ shì zěnme zhǎo dào zhèi ge gōngzuò de?
你是怎么找到这个工作的?

----

2.   First, transform each of the following sentences into a
      shì...de 是...的 sentence in Chinese characters, and then
      translate your sentence into English:

(1)   Zhèi jiàn shì fēicháng jiǎndān.
       这件事非常简单.

       ----

(2)   Wǒ bú zài zhèi ge xuéxiào xué Zhōngwén.
       我不在这个学校学中文.

       ----

(3)   Shéi bǎ mén kāi kāi le?
       谁把门开开了?

       ----

(4)   Xiǎo Lǐ qiántiān dào Yīngguó qù le.
       小李前天到英国去了.

       ----

(5) Nǐ bú huì xǐhuan tā.
你不会喜欢他.

----

(6) Wǒ zài fànguǎn chī le wǎnfàn.
我在饭馆吃了晚饭.

----

(7) Tāmen zuò huǒchē qù le Bōshìdùn.
他们坐火车去了波士顿.

----

(8) Tāmen duì wǒ búcuò.
他们对我不错.

----

(9) Zhōngwén hěn yǒu yìsi.
中文很有意思.

----

(10) Tāmen zuò fēijī lái le.
他们坐飞机来了.

----

3. Translate each of the following sentences into Chinese characters (employ shì...de sentence pattern):

(1) If you take the train you certainly won't be late.

----

(2) You'll be a famous movie star (dianying mingxing) when you grow up.

----

(3) I'm afraid this person will be troublesome (you mafan).

----

(4) It was yesterday that I paid a call on (banfang le) my Chinese teacher.

----

(5) You'd better do your homework well, otherwise your father will scold (ma) you.

----

(6) When did your wife come back? Was it Monday or Tuesday?

----

(7) If you don't study everyday, you won't be able do well on your test (kaoshi).

----

(8) It was my sister who told you that story (gushi) not me.

MODULE THIRTEEN: SHÌ... DE CONSTRUCTIONS

Unit III: The Completed Action Marker le Versus the Past Event shì...de Constructions

Exercises

1. For each of the following sentences, first fill in the blank with le 了, shi 是, de 的 or "O" (no marker is needed), and then translate your sentence into English:

    (1)

    Speaker A: Wǒ yào qù Zhōngguo ___.
    我要去中国 ___.

    _____

    Speaker B: Nǐ shénme shíhou yào qù Zhōngguo ___?
    你什么时候要去中国 ___?

    _____

    Speaker A: Míngtiān jiù yào qù ___.
    明天就要去 ___.

    _____

    Speaker B: Nǐ zénme qù ___?
    你怎么去 ___?

    _____

    Speaker A: Zuò chuán qù ___.
    坐船去 ___.

    _____

    (2)

    Speaker A: Xiǎo Lǐ yǐjing líkāi Zhōngguo ___.
    小李已经离开中国 ___.

    _____

Speaker B: Tā ___ shénme shíhou líkāi ___?
他 ___ 什么时候离开 ___?

Speaker A: Líkāi hěnjiǔ ___.
离开很久 ___.

Speaker B: Tā ___ jǐ yuè líkāi ___?
他 ___ 几月离开 ___?

Speaker A: Dàgài ___ jīnnián yī yuè líkāi ___.
大概 ___ 今年一月离开 ___.

Speaker B: Tā ___ qù zuò shénme ___?
他 ___ 去做什么 ___?

Speaker A: Tā ___ qù zuò mǎimai___.
他 ___ 去作买卖 ___.

----

(3)

Speaker A: Wǒ mǎi ___ yī běn hǎo shū.
我买 ___ 一本好书.

Speaker B: Nèi běn shū ___ shéi xiě ___?
那本书 ___ 谁写 ___?

Speaker A: ___ Hú Shì xiě ___.
___ 胡适写___.

Speaker B: ___ něi nián chūbǎn ___?
___ 哪年出版 ___?

13-3-2

Speaker A: 1950 nián chūbǎn ___.
一九五零年出版 ___.

Speaker B: ___ zài zhèr mǎi ___, hái ___ zài Zhōngguo mǎi ___?
___ 在这儿买 ___, 还 ___在中国买 ___?

Speaker A: Zài zhèr mǎi ___.
在这儿买 ___.

----

(4)

Speaker A: Zuótiān wǎnshang wǒmen qǐng ___ jǐ ge kèren chīfàn.
昨天晚上我们请 ___ 几个客人吃饭.

Speaker B: Nǐmen chī de shì něiguo cài___?
你们吃的是哪国菜 ___?

Speaker A: Wǒmen chī ___ ___ Zhōngguo cài ___.
我们吃 ___ ___中国菜 ___.

Speaker B: Shéi zuò ___?
谁做 ___?

Speaker A: Yǒu de ___ wǒ tàitai zuò ___, yǒu de ___ wǒ zuò ___.
有的 ___我太太做 ___, 有的 ___ 我做 ___.

Speaker B: Kèren ___ shénme shíhou zǒu ___?
客人 ___ 什么时候走 ___?

Speaker A: Shíèr diǎn zhōng cái zǒu ___.
十二点钟才走 ___.

Speaker B: Tāmen ___ zěnme huíqù ___?
他们 ___ 怎么回去 ___?

Speaker A: ___ wǒ kāi chē sòng tāmen huíqù ___.
___ 我开车送他们回去 ___.

---

(5)
Speaker A: Wǒ érzi xué Zhōngwén ___.
我儿子学中文 ___.

Speaker B: Tā ___ gēn nǐ xué ___ ma?
他 ___ 跟你学 ___ 吗?

Speaker A: Búshì, tā ___ gēn Wáng lǎoshī xué ___.
不是，他 ___ 跟王老师学 ___.

Speaker B: Wáng lǎoshī ___ zěnme jiāo ___?
王老师 ___ 怎么教 ___?

Speaker A: Wǒ bù zhīdao tā ___ zěnme jiāo ___.
我不知道他 ___ 怎么教 ___.

Speaker B: Nǐ érzi wèishénme yào xué ___ Zhōngwén ___?
你儿子为什么要学___ 中文 ___?

Speaker A: Tā shuō tā ___ wèi wǒ xué ___.
他说他 ___ 为我学 ___.

---

2. For each of the following sentences, fill in the blanks with either le 了 or shì...de 是... 的, depending on which is needed:

(1) Wǒ bìyè ___, zhǎo dào ___ yí ge gōngzuò, yě mǎi ___ yí dòng fángzi.

我毕业 ___，找到 ___ 一个工作，也买 ___ 一栋房子．

(2) Nǐ mǎi de fángzi ___ shéi gài ___?

你买的房子___ 谁盖 ___?

(3) ___ wǒmen de péngyou gài ___.

___ 我们的朋友盖 ___．

(4) Gài ___ duō jiǔ?

盖 ___ 多久?

(5) Gài ___ liù ge yuè.

盖 ___ 六个月．

(6) Nǐmen de fángzi ___ shénme shíhou kāishǐ gài ___?

你们的房子___ 什么时候开始盖 ___?

(7) Wǔyuè kāishǐ gài ___.

五月开始盖 ___．

(8) Nǐmen yǐjing bān jìn qù ___ ma?

你们已经搬进去 ___ 吗?

(9) Míngtiān jiù yào bān jìnqù ___.

明天就要搬进去 ___．

3. For each of the following English sentences, circle the letter of the correct Chinese translation.

(1) Who gave you that book?

(A) Nèi běn shū shéi gěi nǐ le?
那本书谁给你了?

(B) Nèi běn shū shì shéi gěi nǐ de?
那本书是谁给你的?

(2) That painting was painted by him.

(A) Nèi zhāng huà shì tā huà de.
那张画是他画的.

(B) Nèi zhāng huà shì tā hua le.
那张画是他画了.

(3) Did he come last week?

(A) Tā shì shàng xīngqī lái de ma?
他是上星期来的吗?

(B) Tā shì shàng xīngqī lái le ma?
他是上星期来了吗?

(4) I did not know what day he got married.

(A) Wǒ bù zhīdao tā shì něi tiān jié hūn de.
我不知道他是哪天结婚的.

(B) Wǒ bù zhīdao tā shì něi tiān jié hūn le.
我不知道他是哪天结婚了.

MODULE THIRTEEN: THE SHÌ ... DE CONSTRUCTION

Unit IV: Shì...de Versus Bèi with a focus on Agent

Exercises

1. For each of the following English sentences, circle the letter of the correct Chinese translation.

    (1)   Who painted this painting?

        (A)   Zhèi zhāng huàr bèi shéi huà le?
                这张画儿被谁画了？

        (B)   Zhèi zhāng huàr shì shéi huà de?
                这张画儿是谁画的？

    (2)   Who invented television ?

        (A)   Diànshì shì shéi fāmíng de?
                电视是谁发明的？

        (B)   Diànshì bèi shéi fāmíng le?
                电视被谁发明了？

    (3)   Who cooked today's dinner?

        (A)   Jīntiān de wǎnfàn bèi shéi zuò le?
                今天的晚饭被谁做了？

        (B)   Jīntiān de wǎnfàn shì shéi zuò de?
                今天的晚饭是谁做的？

    (4)   Did she give birth to this child?

        (A)   Zhèi ge háizi shì tā shēng de ma?
                这个孩子是她生的吗？

        (B)   Zhèi ge háizi bèi tā shēng le ma?
                这个孩子被她生了吗？

    (5)   That house was designed by my father.

        (A)   Nèi suǒ fángzi bèi wǒ fùqin shèjì le.
                那所房子被我父亲设计了．

        (B)   Nèi suǒ fángzi shì wǒ fùqin shèjì de.
                那所房子是我父亲设计的．

2. First translate each of the following questions into English, and then circle the letter of the correct Chinese answer:

(1) Zhèi zhī lǎohu shì shéi dǎ sǐ de?
这只老虎是谁打死的?

 (A) Zhèi zhī lǎohu shì Zhāng Sān dǎ sǐ de.
     这只老虎是张三打死的.
 (B) Zhèi zhī lǎohu bèi Zhāng Sān dǎ sǐ le.
     这只老虎被张三打死了.

(2) Nǐ de qián bèi shéi tōu zǒu le?
你的钱被谁偷走了?

 (A) Wǒ bù zhīdao wǒ de qián shì shéi tōu zǒu de.
     我不知道我的钱是谁偷走的.
 (B) Wǒ bù zhīdao wǒ de qián bèi shéi tōu zǒu le.
     我不知道我的钱被谁偷走了.

(3) Zhèi xiē shū shì gēn shéi jiè de?
这些书是跟谁借的?

 (A) Zhèi xiē shū shì gēn wǒ péngyou jiè de.
     这些书是跟我朋友借的.
 (B) Zhèi xiē shū bèi wǒ péngyou jiè le.
     这些书被我朋友借了.

(4) Dìdi jīntiān bèi shéi mà le?
弟弟今天被谁骂了?

 (A) Dìdi jīntiān shì bàba mà de.
     弟弟今天是爸爸骂的.
 (B) Dìdi jīntiān bèi bàba mà le.
     弟弟今天被爸爸骂了.

(5) Zhèi xiē shù shì nǐ kǎn (cut) de ma?
这些树是你砍的吗?

 (A) Zhèi xiē shù bú shì bèi wǒ kǎn le.
     这些树不是被我砍了.
 (B) Zhèi xiē shù bú shì wǒ kǎn de.
     这些树不是我砍的.

MODULE FOURTEEN: RESULTATIVE VERBS

Unit I: Resultative Verbs of Goal, Degree, and/or Achievement

Exercises

1. In the space provided, change each of the following RVs into its actual form: first into the positive form, and then into the negative form:

		ACTUAL	
		POSITIVE	NEGATIVE
Example:	mǎi dào 买到	买到了	没买到
(1)	yùbeihǎo 预备好	----------	-------------
(2)	yòngwán 用完	----------	-------------
(3)	tíngzhù 停住	----------	-------------
(4)	xiūlǐhǎo 修理好	----------	-------------

2. In the space provided, change each of the following RVs into its potential mode: first into the positive (-de 得-) form, and then into the negative (-bu 不-) form:

		POTENTIAL	
		POSITIVE	NEGATIVE
Example:	xiěwán 写完	写得完	写不完
(1)	liúzhù 留住	----------	----------

(2) kàndào
     看到   ----------   ----------

(3) zhǎodào
     找到   ----------   ----------

(4) shāngliang
     商量   ----------   ----------

3. To the left of each numbered Chinese RV, enter the letter of
    its English counterpert:

    ___   (1) kànbuwán   看不完   (A) stand still
    ___   (2) xiǎng dào 想到   (B) unable to find
    ___   (3) shuōwánle 说完了   (C) thinking of
    ___   (4) zhànzhù   站住   (D) cannot finish reading
    ___   (5) zhǎobudào 找不到   (E) finish talking

4. For each of the following, fill in the blank with the
    appropriate RV, based on the Engish sentence:

    (1) Wǒ zuótiān qù kàn tā, kěshi méi _____ _____ tā.

         我昨天去看她，可是没 ____ ____ 他。
         (I went to see her yesterday, but I didn't get to see
         her.)

    (2) Tā chī ____ ____ fàn jiù chūqu wár le.

         他吃 ____ ____ 饭就出去玩儿了。
         (He went out to play after he finished eating.)

    (3) Zuótiān yèlǐ, wǒ mèng ____ nǐ le.

         昨天夜里，我梦 ____ 你了。
         (I dreamt of you last night.)

    (4) Zhēn méi ____ ____ tā nàme niánqīng jiù sǐ le.

         真没 ____ ____ 他那么年轻就死了。
         (I really never thought he would die so young.)

14-1-2

(5)   Nǐ yì tiān kàn ____ ____ zhèi běn xiǎoshuō ma?

你一天看 ____ ____ 这本小说吗?
(Can you finish reading this novel in one day?)

(6)   Tā yídìng yào zǒu, wǒ liú ____ ____ tā.

她一定要走，我留 ____ ____ 他．
(She insists on leaving; I can't keep her.)

(7)   Zhèi zhāng biǎo, wǒ yǐjing tián ____ ____, qǐng nǐ kànkan.

这张表，我已经填 ____ ____，请你看看．
(I have finished filling in this form. Please look it over.)

(8)   Wǒ de chē huài le, tíng ____ ____ le

我的车坏了，停 ____ ____了．
(Something is wrong with my car, I can't stop it.)

(9)   Tiān hēi le, wǒ xiǎng wǒmen jīntiān zǒu ____ ____ nàr le.
天黑了，我想我们今天走 ____ ____ 那儿了．
(It's getting dark; I don't think we can get there today.'

(10)   Děng tā chàng ____ ____ zhèi ge gēr wǒmen jiù zǒu.

等他唱 ____ ____ 这个歌儿我们就走．
(Wait until she has finished singing this song and then we'll leave.)

5. For each of the following sentences, circle the letter of the correct Chinese translation:

(1)   Can you buy Chinese paintings in America?
    (A)   Nǐ néng mǎi Zhōngguo huàr zài Měiguo ma?
           你能买中国画儿在美国买吗?
    (B)   Zhōngguo huàr zài Měiguo mǎi de dào/zháo ma?
           中国画儿在美国买得到/ 着吗?

(2)   That old lady can no longer eat.

    (A)   Nèi wèi lǎo tàitai chību wán fàn le.
        那位老太太吃不完饭了．
    (B)   Nèi wèi lǎo tàitai bù néng chī fàn le.
        那位老太太不能吃饭了．

(3)   I cannot find the book that I bought yesterday.

    (A)   Wǒ zuótiān mǎi de nèi běn shū zhǎobudào le.
        我昨天买的那本书找不到了．
    (B)   Wǒ zuótiān mǎi de nèi běn shū bù néng
        zhǎodàole.
        我昨天买的那本书不能找到了．

(4)   Can you control your dog?

    (A)   Nǐ néng guǎn nǐ de gǒu ma?
        你能管你的狗吗？
    (B)   Nǐ guǎndezhù nǐ de gǒu ma?
        你管得住你的狗吗？

(5)   Can you hold this big box?

    (A)   Nǐ nádezhù zhèi ge dà hézi ma?
        你拿得住这个大盒子吗？
    (B)   Nǐ nádeliǎo zhèi ge dà hézi ma?
        你拿得了这个大盒子吗？

MODULE FOURTEEN: RESULTATIVE VERBS

Unit II: Directional Resultative Verbs

Exercises

1. In the space provided, change each of the following RVs into its actual form: first into the positive form, and then into the negative form:

ACTUAL

		POSITIVE	NEGATIVE
Example:	fēilái 飞来	fēiláile 飞来了	méifēilái 没飞来
(1)	zǒuqù 走去	-------- --------	-------- --------
(2)	bānjìnlái 搬进来	-------- --------	-------- --------
(3)	sòngqù 送去	-------- --------	-------- --------
(4)	guòlái 过来	-------- --------	-------- --------
(5)	huíqù 回去	-------- --------	-------- --------
(6)	qǐlái 起来	-------- --------	-------- --------

14-2-1

(7)   zǒushànglái   _____   _____

        走上来   _____   _____

(8)   kāihuíqù   _____   _____

        开回去   _____   _____

(9)   xiǎngqǐlái   _____   _____

        想起来   _____   _____

(10)   chīxiàqù   _____   _____

        吃下去   _____   _____

2.   Using <u>pīnyīn</u> with tone marks and Chinese characters, translate each of the following English expressions:

    Example: come up   <u>shànglái 上来</u>

        (1)   go down   _____

        (2)   go back   _____

        (3)   get up   _____

        (4)   come over   _____

        (5)   put down   _____

        (6)   stand up   _____

        (7)   come in   _____

        (8)   keep doing   _____

        (9)   take out   _____

        (10)   move in   _____

3. Fill in each of the blanks with the appropriate RV to correspond to the English traslation:

(1)   Qǐng nǐ bǎ nèi zhāng zhuōzi ____ ____ ____.

       请你把那张桌子____ ____ ____.
       (Please move that table inside.)

(2)   Kuài bǎ zhèi ge dōngxi ____ ____ ____!

       快把这个东西 ____ ____ ____!
       (Hurry and take this thing out!)

(3)   Bú yào tíng, jiē zhe ____ ____ ____!

       不要停，接着 ____ ____ ____!
       (Don't stop, keep on talking!)

(4)   Tā bǎ qìchē ____ ____ ____ ____.

       他把汽车 ____ ____ ____ ____.
       (He drove the car back.)

(5)   Qǐng tāmen ____ ____ chīfàn!

       请他们 ____ ____ 吃饭!
       (Ask them to come over for dinner!)

(6)   Qǐng ____ ____ ____!

       请 ____ ____ ____!
       (Please stand up!)

(7)   Nǐ jīntiān wǎnshang ____ ____ ____ ma?

       你今天晚上 ____ ____ ____ 吗?
       (Will you be able to come back tomorrow night?)

(8)   Wǒ méiyǒu bǎ dōngxi ____ ____ ____.

       我没有把东西 ____ ____ ____.
       (I didn't put the thing inside.)

14-2-3

(9)   Zhèi ge shān, nǐ ____ ____ ____ma?

这个山，你 ____ ____ ____ 吗？
(Will you be able to go up this mountain?)

(10)   Tā zuótiān wǎnshang ____ ____ ____.

他昨天晚上 ____ ____ ____.
(He didn't come back last night.)

5.   For each of the following English sentences, circle the letter
    of the correct Chinese translation:

(1)   He went out.
    (A)   Tā zǒuchū le
          他走出了.
    (B)   Tā chūqù le.
          他出去了.

(2)   They moved the table inside.
    (A)   Tāmen bǎ zhuōzi bān jìnlái le.
          他们把桌子搬进来了.
    (B)   Tāmen bān zhuōzi jìnlái le.
          他们搬桌子进来了.

(3)   He did not go back to school.
    (A)   Tā méi huíqù xuéxiào.
          他没回去学校.
    (B)   Tā méi huí xuéxiào qù.
          他没回学校去.

(4)   Can you stand up?
    (A)   Nǐ zhànqǐlái zhànbuqǐlái ma?
          你站起来站不起来吗？
    (B)   Nǐ zhàndeqǐlái zhànbuqǐlái?
          你站得起来站不起来？

(5)   I cannot squeeze out any juice from this orange.
    (A)   Zhèi ge júzi, wǒ jǐ bu chū shuǐ lái.
          这个橘子，我挤不出水来.
    (B)   Zhèi ge júzi, wǒ méi jǐ chū shuǐ lái.
          这个橘子，我没挤出水来.

MODULE FOURTEEN: RESULTATIVE VERBS

Unit III: Resultative Verbs that Occur in Potential Forms

Exercises

1. In the space provided, first convert each of the following positive potential RVs into negative potential RVs or vice versa. Translate your formulation into English:

Example: chuāndeqǐ   <u>chuānbuqǐ</u>   <u>cannot afford to wear</u>

        穿得起   <u>穿不起</u>

(1) niànbuqǐ   _____   _____

     念不起   _____

(2) dǎdeguò   _____   _____

     打得过   _____

(3) gǎideliǎo   _____   _____

     改得了   _____

(4) zuòbuliǎo   _____   _____

     做／作不了   _____

(5) chībuqǐ   _____   _____

     吃不起   _____

(6) shuōbuguò   _____   _____

     说不过   _____

(7) tuībudòng   _____   _____

     推不动   _____

(8)   mǎibuqǐ   ----------   --------------

       买不起   ----------

(9)   shàngbuqǐ   ----------   --------------

       上不起   ----------

2.   For each of the following sentences, first fill in the blank with the appropriate RV, and then translate your sentence into English.

(1)   Tiāntiān zài fànguǎr chīfàn, wǒ (cannot afford to eat)

       ---- ---- ----.

       天天在饭馆儿吃饭，我 ____ ____ ____.

       ----

(2)   Nàme guì de dàxué, wǒ niàn (cannot afford to attend)

       ---- ---- ----.

       那么贵的大学，我念 ____ ____ ____.

       ----

(3)   Nǐ yě hěn huì shuōhuà, yídìng (can out-talk) ____

       ---- ---- ta.

       你也很会说话，一定 ____ ____ ____ 他.

       ----

(4)   Tā hěn yǒu qián, (can afford to buy) ____ ____ ____
       nèi liàng hǎo chē.

       他很有钱，____ ____ ____ 那辆好车.

(5)   Zhèi shì tā de lǎo máobìng le, kǒngpà (impossible

to change)____ ____ ____ le.

这是他的老毛病了，恐怕 ____ ____ ____ 了．

----

(6)   Nǐ gēn tā dǎjià, nǐ (can out-fight) ____ ____ ____

tā ma?

你跟他打架，你 ____ ____ ____ 他吗？

----

(7)   Zhèime duō de gōngkè, yì tiān zénme (able to finish)

____ ____ ____?

这么多的功课，一天怎么 ____ ____ ____?

----

(8)   Tā bú huì Zhōngwén, wǒ xiǎng tā (impossible to do)

____ ____ ____ zhèi ge gōngzuò.

他不会中文，我想他 ____ ____ ____ 这个工作．

----

(9)   Měiguo de fángzi zhēn guì, hěnduō rén dōu (cannot

afford to buy) ____ ____ ____.

美国的房子真贵，很多人都 ____ ____ ____．

----

(10)   Yàoshi nǐ (cannot afford) ____ ____ ____ nàme guì de
         dōngxi, wèishénme hái yào mǎi ne?

         要是你 ____ ____ ____ 那么贵的东西，为什么还要买呢？

----

3.   For each of the following English sentences, circle the letter
      of the correct Chinese translation.

      (1)   I was originally going to the park, but now I cannot
             go there.

             (A)   Wǒ běnlái yào qù gōngyuán, kěshi xiànzài bú
                    qù le.
                    我本来要去公园，可是现在不去了。
             (B)   Wǒ běnlái yào qù gōngyuán, kěshi xiànzài qù
                    bù liǎo le.
                    我本来要去公园，可是现在去不了了。

      (2)   He is very sick, and I do not think he can live much
             longer.

             (A)   Tā bìngde tài lìhai le, wǒ xiǎng tā huóbuliǎo
                    le.
                    他病得太厉害了，我想他活不了了。
             (B)   Tā bìngde tài lìhai le, wǒ xiǎng tā bù néng
                    huó le.
                    他病得太厉害了，我想他不能活了。

      (3)   I cannot out-run him.

             (A)   Wǒ pǎobuguò tā.
                    我跑不过他。
             (B)   Wǒ bù néng pǎoguò tā.
                    我不能跑过他。

(4)   He always looks down upon me.

    (A)   Tā lǎo kànbuqǐ wǒ.
            他老看不起我.
    (B)   Tā lǎo kàndeqǐ wǒ.
            他老看得起我.

(5)   I cannot afford to go to China.

    (A)   Wǒ qùbuliǎo Zhōngguo.
            我去不了中国.
    (B)   Wǒ qùbuqǐ Zhōngguo.
            我去不起中国.

(6)   This table is too heavy. I cannot move it by myself.

    (A)   Zhèi zhāng zhuōzi tài zhòng, wǒ yí ge rén bù
            néng bān.
            这张桌子太重, 我一个人不能搬.
    (B)   Zhèi zhāng zhuōzi tài zhòng. Wǒ yí ge rén
            bānbudòng.
            这张桌子太重. 我一个人搬不动.

(7)   Are you able to eat all this food?

    (A)   Nǐ chīdeliǎo chībuliǎo zhèime duō dōngxi?
            你吃得了吃不了这么多东西?
    (B)   Nǐ néng chī bù néng chī zhèime duō dōngxi?
            你能吃不能吃这么多东西?

(8)   Can you out-fight your wife?

    (A)   Nǐ dǎdeliǎo dǎbuliǎo nǐ tàitai?
            你打得了打不了你太太?
    (B)   Nǐ dǎdeguò dǎbuguò nǐ tàitai?
            你打得过打不过你太太?

(9)   Can he change his bad habits?

    (A)   Tā gǎideliǎo gǎibuliǎo tā de huài xíguàn?
            他改得了改不了他的坏习惯?
    (B)   Tā gǎibuliǎo gǎideliǎo tā de huài xíguàn?
            他改不了改得了他的坏习惯

(10)   If the government wants more taxation, people will
         not be able to live any more.

   (A)   Zhèngfǔ zài duō yào shuì, rénmín jiù bùnéng
            huó.
            政府再多要税，人民就不能活.
   (B)   Zhèngfǔ zài duō yào shuì, rénmín jiù huóbuliǎo
            le.
            政府再多要税，人民就活不了了.

MODULE FOURTEEN: RESULTATIVE VERBS

Unit IV: Resultative Verbs in Fixed Combinations

Exercises

1. In the space provided, first convert each of the following positive potential RVs into a negative potential RV or vice versa. Then translate your formulation into English:

Example: mǎidedào   mǎibudào   cannot buy(it)
                  买得到   买不到

(1)   tīngdeqīngchu   _____   _____

      听得清楚   _____

(2)   fàngdexià   _____   _____

      放得下   _____

(3)   xǐbugānjing   _____   _____

      洗不干净   _____

(4)   chīdebǎo   _____   _____

      吃得饱   _____

(5)   tīngbujiàn   _____   _____

      听不见   _____

(6)   xuédehuì   _____   _____

      学得会   _____

(7)   zuòbuduì   _____   _____

      做不对   _____

(8)	xiěbuqīngchu	----------	------------
	写不清楚	----------	
(9)	chíbuxià	----------	------------
	吃不下	----------	
(10)	kàndedǒng	----------	------------
	看得懂	----------	

2. Using pīnyīn with tone marks and characters, translate each of the following expressions into a Chinese RV:

Example: did (something) wrong <u>zuòcuòle 做错了</u>

(1) cannot write clearly _____

(2) sit down _____

(3) cannot hear _____

(4) said (something) wrong _____

(5) washed it clean _____

(6) wrote correctly _____

(7) saw _____

(8) learned _____

(9) cannot understand what _____
    is being read

(10) can understand now what _____
     was being read

3. For each of the following sentences, first fill in the blank with the appropriate RV, and then translate the sentence into English:

(1) Tā zhēn cōngming, xué le yì nián Yīngwén, jiù bǎ

   Yīngwén (mastered) ____ ____le.

   他真聪明，学了一年英文，就把英文 ____ ____了。

   _____

(2) Zhèi ge dōngxi fàngzài nèi ge hézi lǐ, (have enough)

   ____ ____ ____ ma?

   这个东西放在那个盒子里，____ ____ ____ 吗？

   _____

(3) Zhèime duō dōngxi, nǐ zěnme néng ____ ____ ____?

   这么多东西，你怎么能 (take them all) ____ ____ ____?

   _____

(4) Jīntiān māma zuò de fàn tài shǎo le, wǒ (don't have

   enough food to eat) ____ ____ ____.

   今天妈妈做的饭太少了，我 ____ ____ ____。

   _____

(5) Zhèi jiàn yīfu, wǒ xǐ le bàntiān cái (washed clean)

   ____ ____ ____。

   这件衣服，我洗了半天才____ ____ ____。

   _____

(8) Speaker A: Wǒ cái tā shì Zhōngguo rén.
                     我猜他是中国人.

     Speaker B: Nǐ (gussed wrong) ____ ____ le. Tā bú shì
                     Zhōngguo rén.

                     你 ____ ____了. 他不是中国人.

----

(9) Speaker A: Zhèi ge zì nǐ (wrote wrong) ____ ____ le, zài
                     xiě yí cì.

                     这个字你 ____ ____了，再写一次.

     Speaker B: Zhèi ge zì, wǒ zěnme xiě yě (cannot write
                     right) ____ ____ ____.

                     这个字，我怎么写也 ____ ____ ____.

----

(10) Speaker A: Wǒ shuō de huà, nǐ (can you hear clearly)

                     ____ ____ ____le ma?

                     我说的话，你 ____ ____ ____ 了吗?

     Speaker B: Duìbuqǐ, wǒ (cannot hear clearly) ____ ____

                     ____ ____.

                     对不起，我 ____ ____ ____ ____.

MODULE FOURTEEN: RESULTATIVE VERBS

Unit V: Resultative Verbs in Figurative Expressions

Exercise

First complete each of the following sentences with the appropriate RV (in some sentences both -sǐ 死 and -huài 坏 should be used), and then translate the sentence into English:

(1)   Zhèi jǐtiān shìqing tài duō zhēn bǎ wǒ (busy to death)

      _____ _____ _____.

      这几天事情太多真把我 _____ _____ _____.

      _____

(2)   Jīntiān de wēndù shì 102 dù, kuài yào bǎ wǒ (hot to

      death) ____ ____ ____.

      今天的温度是102度，快要把我 ____ ____ ____.

      _____

(3)   Yàoshi rén bù chīfàn, (can die from hunger or not)

      ____ ____ ____ ____ ____ ____?

      要是人不吃饭，____ ____ ____ ____ ____ ____?

      _____

(4)   Wǒ (poor to death) ____ ____ ____, zěnme huì yǒu qián
      qǐng nǐ chīfàn.

      我 ____ ____ ____, 怎么会有钱请你吃饭.

      _____

14-5-1

(5) Nǐ yí ge rén zuò zhème duō shì, zhēn huì bǎ nǐ (tire
     to death) ____ ____ /____ ____de.

     你一个人做这么多事，真会把你 ____ ____ /____ ____ 的．

     ----

(6) Wǒ gěi le tā qián, kěshi tā fēi shuō wǒ méi gěi tā,
     zhēn bǎ wǒ (terribly mad) ____ ____ ____/____ ____
     ____.

     我给了他钱，可是他非说我没给他，真把我 ___ ____ ___/
     ____ ____ ____．

     ----

(7) Kuài gěi nèi ge xiǎo gǒu yì diǎr shuǐ hē, tā kuài
     yào (die from thirst) ____ ____ ____.

     快给那个小狗一点儿水喝，他快要 ____ ____ ____．

     ----

(8) Wǒ kǎoshi dé le 100 fēn, zhēn bǎ wǒ (wild with
     joy ____ ____ ____ /____ ____ ____.

     我考试得了100分，真把我 ____ ____ ____/____ ____ ____．

     ----

(9) Lǎoshī shuō le yí ge xiàohua bǎ wǒmen dōu (laugh to
     death) ____ ____le.

     老师说了一个笑话把我们都 ____ ____了．

14-5-2

(10) Zhèi cì de kǎoshì wǒ dōu bú huì zuò, (extremely difficulty) ____ ____ ____.

这次的考试我都不会作，____ ____ ____.

---

(11) Tā xiǎng tā de nán péngyou, kuài yào (become crazy) ____ ____ ____.

她想她的男朋友，快要 ____ ____ ____.

---

(12) Jīntiān gōnggòng qìchē shàng rén tài duō le, kuài bǎ wǒ (squeezed flat) ____ ____ ____.

今天公共汽车上人太多了，快把我 ____ ____ ____.

---

(13) Tā gēn shénme rén dōu yào qián, zhēn shì (so poor become crazy) ____ ____ ____.

他跟什么人都要钱，真是 ____ ____ ____.

---

(14) Tā érzi sān tiān méi huí jiā le, bǎ tā (worried to death) ____ ____ ____/____ ____ ____.

他儿子三天没回家了，把他 ____ ____ ____/____ ____ ____.

---

(15) Nǐ bǎ zhème zhòng de dōngxi fàng zài miànbāo shàng, jiéguǒ bǎ miànbāo (flatten) ____ ____ ____.

你把这么重的东西放在面包上，结果把面包 ____ ____ ____.
